茶馆经营与管理

陈丽敏 主编

中国·广州

图书在版编目（CIP）数据

茶馆经营与管理 / 陈丽敏主编 . — 广州 : 广东旅游出版社 , 2023.6
ISBN 978-7-5570-1985-3

Ⅰ . ①茶… Ⅱ . ①陈… Ⅲ . ①茶馆—商业经营 Ⅳ . ① F719.3

中国版本图书馆 CIP 数据核字 (2019) 第 168110 号

出 版 人：刘志松
责任编辑：林保翠　俞　莹
供　　图：摄图网　陈丽敏
装帧设计：谭敏仪
责任校对：李瑞苑
责任技编：冼志良

茶馆经营与管理
CHAGUAN JINGYING YU GUANLI

出版发行：	广东旅游出版社
	（广州市荔湾区沙面北街71号首、二层）
邮　　编：	510310
电　　话：	020-87347732（总编室）　020-87348887（销售热线）
投稿邮箱：	2026542779@qq.com
印　　刷：	佛山家联印刷有限公司
	（佛山市南海区桂城街道三山新城科能路10号自编4号楼三层之一）
开　　本：	787毫米×1092毫米　16开
印　　张：	11
字　　数：	185千字
版　　次：	2023年6月第1版
印　　次：	2023年6月第1次印刷
定　　价：	40.00元

[版权所有　侵权必究]

本书如有错页倒装等质量问题，请直接与印刷厂联系换书。

丛书编辑委员会

总 顾 问：徐国庆（华东师大职教研究所教授）

主　　编：吴浩宏（国家乡村振兴重点帮扶县教育人才"组团式"帮扶工作专家顾问委员会委员，原广州市旅游商务职业学校校长）

副主编：刘志松（广东旅游出版社社长兼总编辑）

　　　　　王　勇（广州市旅游商务职业学校党委书记）

编　　委：胡秋月（广州市旅游商务职业学校副校长）

　　　　　黄国庭（广州市旅游商务职业学校副校长）

　　　　　冷耀军（广州市旅游商务职业学校教育教学督导室主任）

　　　　　黄　珩（原广州市旅游商务职业学校教研室主任）

　　　　　周雪荷（原广州市旅游商务职业学校教研室副主任）

　　　　　黄　丹（广州市旅游商务职业学校酒店管理教研组负责人）

　　　　　马健雄（广州市旅游商务职业学校烹饪与健康系主任）

本书编写：陈丽敏　张鸣秋　邓建明　詹　娜

茶师管理与激励

图①：班前会
图②：茶会相关茶器的准备
图③：检查门店供应的茶品数量
图④：茶馆人员技能培训
图⑤：茶馆管理能力培训

茶馆的常见类型

图①：园林式茶艺馆
图②：室内庭院式茶艺馆
图③：仿古式茶艺馆
图④：现代式茶艺馆
图⑤：民俗式茶艺馆
图⑥：戏曲茶楼
图⑦：综合型茶艺馆

收银、盘点、出入库管理与茶品陈列原则

图①：收银员应做好交班工作图
图②：关店后应进行陈列区盘点
图③：入库茶品应严格认真核对
图④：物品出入库应符合规定
图⑤：茶品陈列应能提升门店的服务形象
图⑥：茶品陈列应符合易见易取原则

茶品陈列的具体方法

茶品陈列的具体方法：主题陈列法（图①）；整体陈列法（图②）；整齐陈列法（图③）；随机陈列法（图④）；盘式陈列法（图⑤）；关联陈列法（图⑥）；比较陈列法（图⑦）；分类陈列法（图⑧）

不同材质的茶品包装

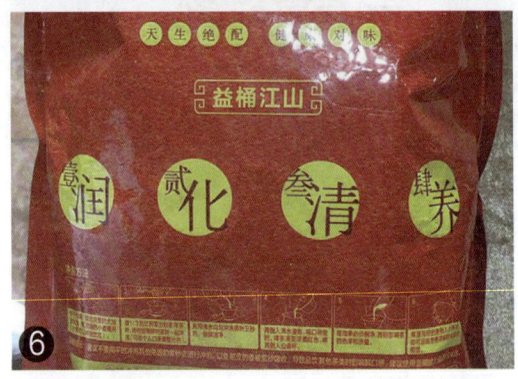

图①：纸盒包装
图②：复合薄膜袋包装
图③：铁盒包装
图④：金属罐包装
图⑤：纸袋包装
图⑥：塑料包装
图⑦：铝铂复合膜包装

茶品包装的多样化

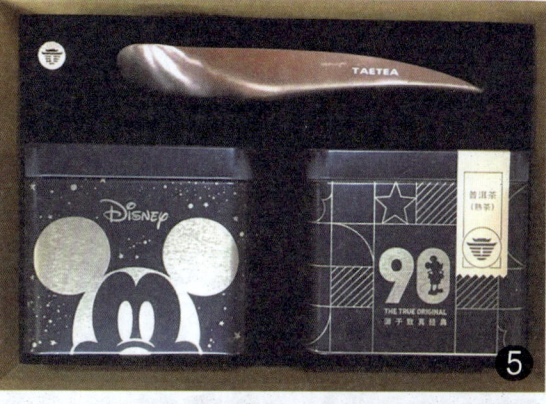

图①：茶品包装的色彩应风格统一
图②：小包装
图③：软包装
图④：系列包装
图⑤：多用途包装
图⑥：透明包装

顾客服务及事件处理

图①：茶馆服务应注意质量管理
图②：茶馆的售前服务包括提供茶品信息等
图③：茶馆的售中服务包括接待顾客等
图④：茶馆应妥善处理顾客投诉

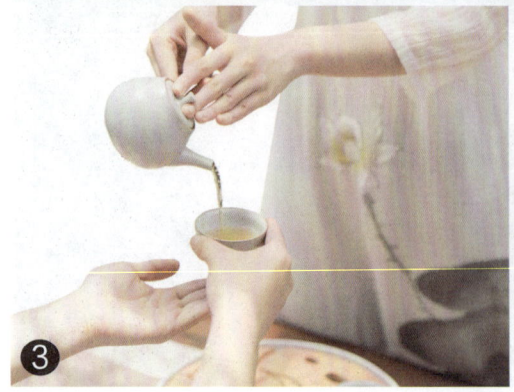

茶事服务

图①：接受任务，做好准备
图②：门口迎宾
图③：介绍茶类，为宾客下茶单
图④：备好茶器，为宾客泡茶
图⑤：协助宾客做好结账服务
图⑥：茶艺师送客

茶艺表演服务

步骤1：姿态准备

步骤2：茶具准备

步骤3：温具

步骤4：赏茶

步骤5：置茶

步骤6：醒茶

步骤7：冲泡

步骤8：奉茶

步骤9：品茶

步骤10：收具

网店运营

网店运营,要做好商品的拍摄、编辑与上架工作,并注意适当进行营销推广(图①、图②)

创业策划：认识茶产业的发展趋势

图①：茶园面积持续扩张中
图②：茶企的经营模式特色化：小罐茶
图③：茶企的产品形态多样化：以茶叶为原料的洗护套装
图④：茶企的经营模式融合化：与餐饮业的结合

网店运营

网店运营,要做好商品的拍摄、编辑与上架工作,并注意适当进行营销推广(图①、图②)

创业策划：认识茶产业的发展趋势

图①：茶园面积持续扩张中
图②：茶企的经营模式特色化：小罐茶
图③：茶企的产品形态多样化：以茶叶为原料的洗护套装
图④：茶企的经营模式融合化：与餐饮业的结合

创业策划：茶馆的形象定位

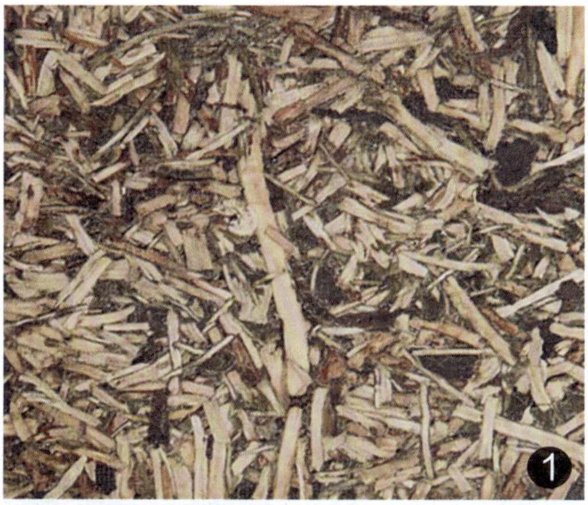

茶馆产品的创新：茶梗复合板（图①）；茶馆内的川剧"变脸"绝活（图②）

茶馆经营方式的创新：茶仕利的微商营销（图⑤）

茶馆的形象设计：以茶文化衍生品为方向的茶食（图③、图④）；以民族茶文化为方向的北京老舍茶馆（图⑥）

创业策划：茶单设计

熟茶泡数价目表 RIPE TEA

年份	品名	价钱	泡数
1701	V93	88	10
1701	7572	100	10
1701	味最酽	76	10
1701	8592	66	10
1701	7592	68	10
1701	星耀亚洲	100	10
1701	8562	78	10
1801	7262	109	10
1801	早春乔木	130	10
1801	7572	98	10
1801	盛世长安	633	10
1601	大红柑	220	10
1701	小青柑	100	10
1701	金丹	120	10
1701	金柑普	200	10
1801	燉煌小青柑	100	10
1901	黄金柠	68	10

生茶泡数价目表 RAW TEA

年份	品名	价钱	泡数
90年	班章	120	1
03年	易武	80	1
03年	绿色生态	200	1
03年	甲级沱	326	10
05年	大益紧压砖	106	10
507	7542	526	10
601	银孔雀	280	10
603	8582	186	10
603	勐海之春	236	10
06年	7542	333	10
06年	特制象山普饼	200	10
704	7542	168	10
701	陈韵青饼	280	10
701	银孔雀	150	10
701	玉润女儿茶	136	10
801	高山韵象	433	10

茶单内容应包括茶品类别、名称、价位等

前言

中国古人以茶养廉、以茶养德、以茶怡情，而今饮茶已成为现代人的一种生活方式，一种文化艺术。茶艺馆的经营方式也随着现代生活水平的提高而发生变化：传统的茶艺馆以向茶客提供茶艺服务为主要宗旨，而现代茶艺馆则既要承接传统，又要开创时尚，努力打造引领潮流的茶文化产业，成为休闲产业的一个分支。

面对市场对人才的需求，茶艺服务员（即茶艺师）的岗位培训显得尤为重要。相对于目前国内的许多茶文化相关书籍而言，本书的独到之处在于，全书是根据中职茶艺师的工作职责、应掌握的知识、工作能力的要求来设计的，可适用于专业教学、职业培训、自学，以及职业等级考核等多个方面。

从教材这个角度而言，本教材对应的是中职茶艺与茶营销专业的核心课程——茶馆经营与管理。依据目标定位，本教材从工作任务、知识要求与技能要求三个维度对教材内容进行规划与设计，以使内容更好地与中级茶艺师的岗位要求相结合，成为学生掌握茶馆日常运营与管理能力的重要课程。

总的来说，本教材的总体目标是培养学生能根据茶馆经营管理理念，运用日常运营服务方法与规范，准确、熟练地完成日常运营与管理中的各项任务，从而成为具有初级管理能力的茶艺师。立足这一目的，教材结合中职学生的学习能力和学习要求，以及茶艺师的职业能力要求，对课程的教学内容进行重组、序化，依据茶馆日常经营管理的主要内容制定课程目标，分别涉及实体店日常运营、网店运营、创业策划等初级管理者需具备的能力。

作为一门以初级管理技能为核心内容的课程，本教材的教学以实际操作作为主要方法，把日常管理中需运用的技巧、标准与相关服务理念等知识融入实践操作中，实行理论与实践一体化教学。教学可在真实的茶馆情境中进行，也可在学校实训中心通过角色扮演、小组讨论的方式进行。如果是后者，则建议结合具体的茶馆服务与管理项目，模拟茶馆日常运营过程实施项目教学。可设计的项目包括茶馆选择、形象定位、实体店日常运营、网店运营、创业策划等。因此编者在教材编写时尤其注意突出日常管理细节的训练和团队建设意识的强化。

本书的编写具体分工为：主编陈丽敏，负责统稿与第一章（实体店日常运营）的编写；张鸣秋、邓建明负责第二章（网店运营）的汇编；詹娜负责第三章（创业策划）的编写。

本书在编写的过程中参考和引用了许多国内外专业书籍与理论，得到来自多方面的大力支持，在此深表谢意。

编者

2023年4月

目录
CONTENTS

第一章　实体店日常运营 / 001

第一节　茶师管理与激励 / 002

01　召开班前会 / 002

02　落实茶馆岗位服务标准 / 008

03　做好茶馆人员的常规管理 / 014

04　进行专业培训 / 020

第二节　收银与盘点 / 025

01　能提供收银服务 / 025

02　能进行收银盘点，分析销售情况 / 030

03　能进行茶品及用品盘点 / 036

04　能做好茶品出入库管理 / 043

第三节　茶品陈列与包装 / 049

01　能布置陈列区 / 049

02　能定期选择与提升茶品的包装 / 057

第四节　顾客服务及事件处理 / 062

01　能处理顾客投诉事件 / 062

02　能带领茶师做好现场安全管理 / 075

第五节　顾客满意度信息处理 / 080

 01　能进行顾客满意度调查 / 080

 02　能调整顾客服务技巧，提升服务质量 / 087

第二章　网店运营 / 093

第一节　日常维护 / 094

 01　维护网店平台 / 094

 02　维护微信平台 / 100

第二节　网络客服 / 106

 01　网络接单 / 106

 02　打包发货 / 111

 03　跟踪服务 / 116

第三章　创业策划 / 121

第一节　发现商机 / 122

第二节　茶馆定位 / 132

 01　能正确进行茶馆经营的形象定位 / 132

 02　能确定茶馆的选址、类别和规模 / 138

 03　能设计茶馆茶单 / 143

第三节　创业计划书 / 147

第一章

实体店日常运营

第一节 茶师管理与激励

01 召开班前会

【学习目标】

1. 能描述班前会的内容与基本要求。
2. 能根据茶馆的管理要求，开好班前会。

【核心概念】

班前会：店长在营业前组织店员召开的短会。这种短会一般反馈各个工作岗位的工作情况，并根据销售与订单情况安排具体工作，提出要求，为一天的工作做好充分的准备。

【基础知识】

一、茶馆日常运营流程

茶馆的日常运营流程，主要包括三个阶段：

第一个阶段是营业前，店长开好班前会（也称早会），根据销售与订单情况安排具体工作，针对各个工作岗位反馈工作情况，并提出相应要求。

第二个阶段是营业期间的经营控制，茶师各司其职，及时沟通，服务好客人。

第三个阶段是营业结束后的收尾工作。

详见"茶馆的日常运营流程"图。

二、开好班前会

班前会（见第Ⅱ页图①）是茶馆日常运营中最基本的一个环节，开好班前会，可为茶馆一天的运营工作做好充分准备。班前会的主要内容包括以下几个方面：

第一章 实体店日常运营

- 考勤并公布下一周的排班更期表，征询茶师的意见，要求茶师遵守并执行。
- 检查茶师的仪容仪表，包括其穿着规范，对未达标的茶师提出立即整改要求，并指导其改正；此外，还应检查茶师的个人卫生，如指甲是否修剪完好，头发是否整洁，身体及口腔是否无异味等。
- 公布当日供应的本季茶品，要求茶师能向客人讲述该茶品的优点、缺点及适合饮用的人群。
- 宣布当天的主题茶会活动，指出活动的重点工作并分配相应任务。
- 抓住适当时机对茶师们进行鼓励，培养茶师执着的信念和对工作的满腔热情与激情。
- 适当选择与茶相关的文化理论进行短时培训，其中包含茶专业知识和社会上各个行业领域的知识点；适当分享茶师职业素养所应具备的实践经验。

三、根据班前会的安排进行主题茶会活动

主题茶会大致可以从以下几个方面来分类：按照营销主题分；按照季节分；按照节庆纪念日分；按照茶类分。由于其形式丰富多样，主题茶会一般会先订立一个主题，然后根据主题选定或布置出合适的环境，确定茶品，供茶友或客人们共同品鉴。

通常情况下，主题茶会的准备工作应注意以下几点：

- 准备并检查多媒体设备，包括灯光、音响、麦克风、多媒体、电脑、网络等，确保其正常运作。
- 茶会相关茶器的准备（见第Ⅱ页图②）。
- 保持室内通风，室温维持在25℃（±2℃）。
- 半小时后，店长应检查确认茶师们的准备效果。

准备工作完成后，茶师应根据店长在班前会上的工作任务分配，各司其职，在茶会进行的各个阶段做好各项具体工作。

1. 茶会布置

- 布置会场。根据茶会主题、流程和承办活动的单位的要求布置会场，安排好参与活动的客人的座位。

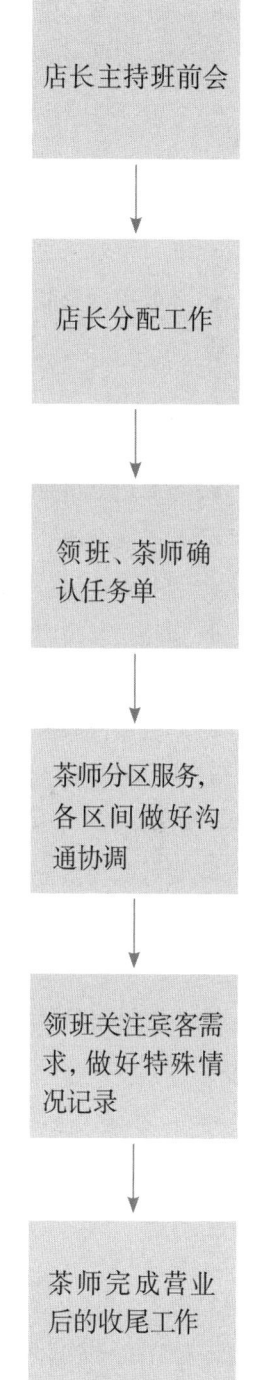

茶馆的日常运营流程

茶馆经营与管理

- 迎接宾客，安排就座。
- 随时根据要求调整灯光明暗、音响大小。
- 注意大厅、厅房的通风。
- 保证大厅、厅房等室内温度维持在25℃（±2℃）。

2. 茶会期间

- 茶师烧水，协助客人泡茶。
- 茶师应做到能同时进行赏茶、动手泡茶、讲述茶品的特点，过程中应动作轻柔、语音清晰、语调柔和，且能自如地与客人面对面地交流品茶心得，能耐心地倾听客人谈话。

3. 茶会结束

茶会结束后，店长要带领茶师们把会场恢复原样，具体要做到以下几个方面：

- 茶师收拾茶具，还原场地，将所有曾经搬动过的家私恢复原位。
- 检查并清洗、消毒茶具，确保茶具无茶渍、无水滴、无水痕。
- 打扫卫生间，清理废纸，清洁洗手盆。
- 收银员整理当班销售茶品、茶点的情况，汇总当天营业情况，制作电子表格，打印当天销售报表。
- 店长检查收银员盘点情况的正确性。
- 做好安全检查。关好窗户，逐次关闭多媒体、音响、电脑设备、LED灯、电水壶的电源，拔出插座上的插头，保管好麦克风，最后关闭总电源，离店锁门。
- 做好茶馆日常经营的工作日志，将主题茶会的情况进行简单记录。

【活动设计】

在美丽的珠江河畔，溢香茶坊的店长小洪正在主持营业班前会，给茶师们讲述当天订位情况、营业的注意事项。

溢香茶坊面积约500平方米，有两个风格各异的独立小包间；大厅摆放了8张茶桌，分别布置了4种不同风格的茶席；户外阳台上设置了一个休闲茶吧，摆放着4套休闲桌椅。人员配置上，溢香茶坊共有经理1名，人事培训主管1名，店长1名，副店长1名，领班1名，茶师8名，收银1名。

今天下午3点，茶坊将举办一个主题茶会。为了使该活动顺利进行，小洪在早会上除了做日常工作的安排外，还根据茶会特点进行了具体分工，向各位茶师提出了明确的工作要求。

学生的学习活动即根据上述情境模拟进行。

第一章 实体店日常运营

一、活动组织

①将学生分成5人/组,其中一名为店长,其余为茶师。

②每组根据班前会的流程进行练习。

③小组进行演示时,指定其中一个小组为检测员。

④进行流程总结,选出表现最优的小组进行演示。

二、安全与注意事项

①注意仪表仪容。

②要及时将店面的最新营销策略进行宣讲。

③做好协调工作,记录特殊情况。

④需提醒宾客注意用电、用水安全。

三、活动实施(见表1:班前会活动说明表)

四、活动评价(见表2:班前会活动检测表)

【体验营】

溢香茶坊接到客户预订,将在母亲节当天举办一场主题茶会,请根据这一要求设计活动安排表。

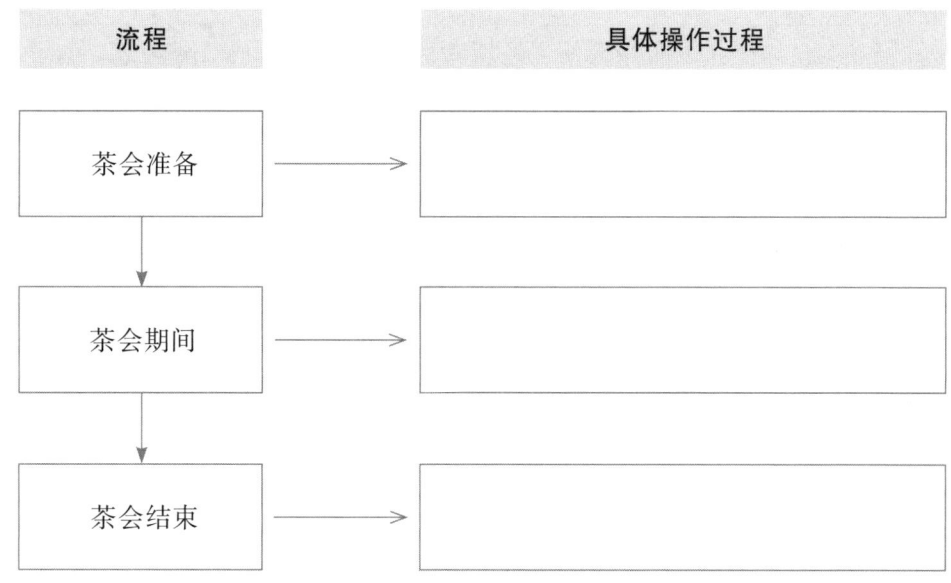

表1：班前会活动说明表

序号	步骤	操作及说明	标准
1	检查考勤	①讲述考勤情况。 ②公布排班表。	①要求所有店员微笑站立。 ②公布下一周的排班表，强调补班情况以及病、事假情况。
2	检查仪表仪容	①所有茶师进行仪态练习。 ②检查茶师的仪表是否达标。	①检查茶服是否有破损或不干净。 ②检查指甲的长短，以及是否有涂指甲油。 ③检查发型是否需要修剪。 ④对茶师的仪态进行评价并纠正。
3	公布本季新茶品	①公布本季节新茶品。 ②讲述新茶品的优点、缺点、适合饮用的人群。	①分析新茶品的特点与功效。 ②能对适合饮用该茶品的人群进行分析。 ③讲述推销新茶品的方法。
4	讲述当天的工作任务	①公布当天的主题活动的个数。 ②公布当天的工作重点。 ③公布任务分配情况。 ④提出每个工作区域的布场要求。 ⑤公布检查工作情况的时间。	①说明当天的工作重点。 ②指出各个区域的布场时间、物料准备、人员的具体工作。 ③要求室温保持在25℃（±2℃）。 ④告知最终落实工作的时间。

第一章 实体店日常运营

表2：班前会活动检测表

茶艺师：　　　　　　　　　　　　　　班级：

序号	举证内容	举证标准	评判结果 是	否
1	检查考勤	①讲述考勤情况。		
		②公布排班表。		
2	检查仪容仪表	①检查茶师的穿着。		
		②更正茶师的穿着。		
		③检查茶师的指甲。		
		④检查茶师的发型。		
		⑤检查茶师的仪态。		
3	公布本季新茶品	①提出本季节新茶品。		
		②讲述该茶品的优点、缺点及适合饮用的人群。		
4	讲述当天的工作任务	①公布当天的主题活动的个数。		
		②公布当天的工作重点。		
		③公布任务分配情况。		
		④提出每个工作区域的布场要求。		
		⑤提出布置茶会茶器的准备要求。		
		⑥要求室温保持在25℃（±2℃）。		
		⑦公布检查工作情况的时间。		

检查人：　　　　　　　　　　　　　　时间：

茶馆经营与管理

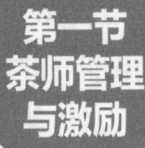

02 落实茶馆岗位服务标准

【学习目标】
1. 能描述茶馆的组织结构及类型。
2. 能描述领班的服务标准。
3. 能描述茶师的服务标准。
4. 能描述收银员的服务标准。

【核心概念】
　　服务标准：指茶馆对外展示的为宾客提供的服务内容与标准，同时也是对茶馆中茶师的服务技能的规定要求。

【基础知识】
　　一、茶馆的组织结构
　　茶馆的完整组织结构大致可以由以下职能各不相同的部门组成：总经理（总经理助理）；财务部；市场营销部；行政人事部；生产物流部；研发中心；营业部。
　　详见"茶馆的组织结构"图。
　　二、店长的岗位特征
　　店长是一店之长，执行茶馆的经营决策和指令，负责管理本店的人流、物流、资金流、信息流等，并主持对外的联系和事务处理。在实际工作中，店长岗位呈现出以下三个特征：

第一章 实体店日常运营

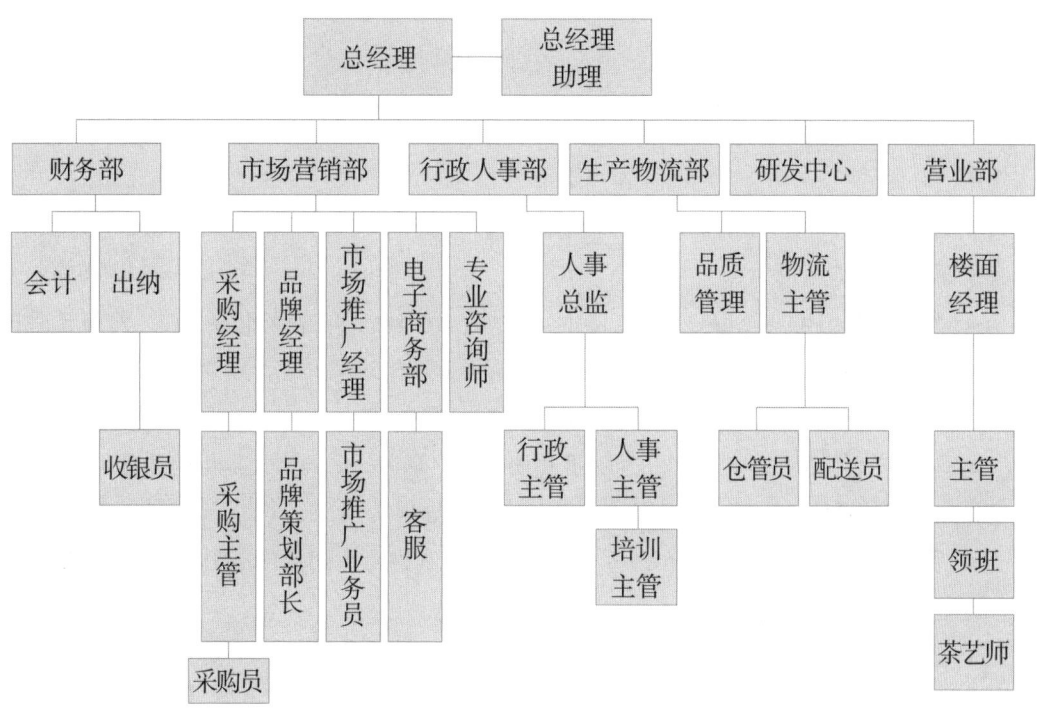

茶馆的组织结构

1. 茶馆日常经营的管理者

一般来说，对内，店长指导门店的经营，管理门店的日常工作，激励茶师的工作热情，培养茶师的高度责任心，督促茶师养成良好的工作态度；对外，店长代表门店处理有关消费者的投诉。总之，在茶馆的经营管理中，店长要与各方建立良好的人际关系，营造和谐的工作环境，维护茶馆的良好声誉，这对提高茶馆的经营效益有着重要的作用。

2. 茶馆经营目标的执行者

店长对茶馆负责，严格执行既定的茶馆经营方针、战略目标、产品政策、管理制度等，并接受监督和指导。店长必须善于加强茶馆运营管理，调动全体茶师的工作积极性，有效运用各种资源和手段提升销售业绩和服务技巧，最终实现茶馆的既定经营目标。

3. 茶师的培训者

茶师的业务水平与综合职业素养的高低，将直接影响茶馆的经营效益。因此，店长的日常工作中最重要的一项，就是发现茶师的服务缺陷，不断地对茶师进行各种针对性的培训，包括心理素质、沟通技巧、促销方式等方面的内容，以提高茶师的业务能力及整体服务水平。

三、部门岗位服务标准

1. 领班的服务标准

- 做好店长的助手,对茶师定期评价,对分配的工作按质、按量、按时完成。发挥带头作用,对自己严格要求,对茶师热情帮助。
- 检查卫生。检查门店、大门、大厅、厅房的公共区域卫生,做到无杂物、无灰尘,所有平面不能看到有尘埃。
- 检查茶具卫生及质量。茶具、茶壶无缺口、无裂缝;电水壶正常工作,水烧开后1分钟可以自动关闭电源;酒精炉内液体酒精量低于最高位的水平线,点燃灯芯后火苗大小适中,不宜过大或过小,火苗高度尽量控制在2厘米以内。
- 检查门店供应的茶品数量(见第Ⅱ页图③)。掌握门店向客人提供的茶品种类及其数量,如发现数量低于最低库存量,应着手编写入货计划。
- 保管好客人存放的茶具和茶品。认真保管熟客寄存在门店的茶具、茶品,摆放有序、安全,且对寄存的茶品注意卫生,做好防潮工作。
- 做好主题茶会的会场布置,掌握各岗位的会前准备情况。

2. 茶师的服务标准

- 接受领班的工作安排,做好所负责区域的台面摆设,检查茶器等是否完好无损,完成客人离开后台面、茶具等的清洁,保持服务区域的清洁、整齐。
- 熟悉茶事服务流程,严格按服务标准为宾客提供茶事服务。
- 填写服务单据,对宾客态度亲切,能适当推销茶品,能处理客人提出的问题(必要时向领班请示)。
- 处理好与其他茶师的关系,必要时协助其工作。
- 做好主题茶会的物料准备,并根据岗位工作的具体要求为主题茶会做好相应准备。
- 填写营业日志,做好日常突发事件的登记。
- 遵守茶馆的各项规章制度,以高要求遵守茶师职业准则与职业道德。

3. 收银员的服务标准

- 保持收银台的干净、整齐。
- 接受预订,做好记录,并及时向领班汇报。
- 核实消费单据,保管好收银账目,为宾客开具发票。
- 核实账目,做好盘点工作。
- 准备茶会的收费清单。
- 保管宾客遗留物品。

第一章 实体店日常运营

四、茶馆的常见类型

仿古式茶馆。在装修、室内装饰、布局,以及人物的服饰、语言、动作、茶艺表演等方面,对传统文化进行挖掘、整理,以某种古代传统为蓝本,并结合茶艺的内在要求重新进行现代演绎,展示古典文化的整体面貌(见第Ⅲ页图③)。

园林式茶艺馆。以清新、自然的风格为主,或依山傍水,或坐落于风景名胜区。这种茶艺馆往往是一个独门大院,由室外空间和室内空间共同组成,营业场所较大。室外的小桥流水、绿树成荫、鸟语花香,突出了一种纯自然的风格,方便客人们直接与大自然接触,从而塑造出室内人造园林所难以实现的一种品茗意境(见第Ⅲ页图①)。

室内庭院式茶艺馆。以江南园林建筑为蓝本,结合茶艺及品茗环境的要求,设有亭台楼阁、曲径花丛、拱门回廊、小桥流水等,给人一种"庭院深深深几许"的心理感受。室内多陈列字画、文物、陶瓷等艺术品,帮助现代都市人在繁忙的生活中寻找到回归自然、怡情宁神的感觉,进入"庭有山林趣,胸无尘俗思"的境界(见第Ⅲ页图②)。

现代式茶艺馆。根据经营者的志趣、爱好,结合房屋结构依势而建。有的为家居厅堂式,开放式大厅与各种包房自然结合;有的拱门回廊,曲径通幽;有的清雅古朴,安详静雅;有的豪华富丽,高档气派。内部装饰上,名人字画、古董古玩、花鸟鱼虫、报刊书籍、电脑电视等各有侧重,并与整体风格自然契合,形成相应的茶艺氛围(见第Ⅲ页图④)。

民俗式茶艺馆。强调民俗乡土特色,追求民俗乡土气息,以特定民族的风俗习惯、茶叶、茶具、茶艺或乡村田园风格为主线,形成相应的特点。它包括民俗茶艺馆和乡土茶艺馆。民俗茶艺馆是以特定的少数民族的风俗习惯、风土人情为背景,不仅装饰上强调民族建筑风格,茶叶、茶具也多为民族特产或民族传统茶具,茶艺表演更是具有浓郁的民族风情。乡土茶艺馆则大都以接地气的市井生活背景作为其主基调,装饰上,竹木家具、马车、牛车、蓑衣、斗笠、石雕、花轿等应有尽有,凡是能反映乡土气息的材料都可以使用。有的直接利用已经无人居住的古屋加以装修成茶艺馆;有的特别设计成乡村气十足的客栈门面,户外有花轿、牛车,室内是古井、大灶,服务人员穿着淳朴有古意的服饰来接待客人,生动形象地彰显出乡土文化的特点(见第Ⅲ页图⑤)。

戏曲茶楼。以品茗为引子,以戏曲欣赏或自娱自乐为主体的文化娱乐场所。在装饰上,相对来讲,这种茶楼更强调戏曲表演的氛围和要求,品茶只是它的一种主要的附带功能,故它并不太讲究茶叶、茶艺,而是以品茗为引,让客人在戏曲与乐曲声中松弛身心,交流联谊,享受戏曲艺术(见第Ⅲ页图⑥)。

综合型茶艺馆。在经营服务项目上以茶艺为主,同时经营茶餐、餐饮、酒吧、咖啡、电脑、棋、牌等,综合多种服务项目,以满足客人的多样化需求(见第Ⅲ页图⑦)。

茶馆经营与管理

【活动设计】

下午3点,溢香茶坊将举办一个主题茶会。为了使该活动顺利进行,店长根据茶会特点进行了具体分工,对各位茶师的工作要求及服务标准做了明确要求。

学生的学习活动即根据上述情境模拟进行。

一、活动组织

①将学生分成5人/组,其中1名为领班,1名为收银员,其余为茶师。

②每组根据各个岗位的服务标准进行服务演练。

③小组进行演示时,其余各组分别担任领班、收银员、茶师的服务标准检测员。

④服务标准小结。

二、安全与注意事项

①充分了解茶馆的营业目标。

②清晰掌握各岗位的服务标准。

③做好协调工作,记录特殊情况。

三、活动实施(见表1:服务标准培训活动说明表)

四、活动评价(见表2:服务标准培训活动检测表)

【体验营】

请阐述领班在茶会活动各阶段应达到的服务标准。

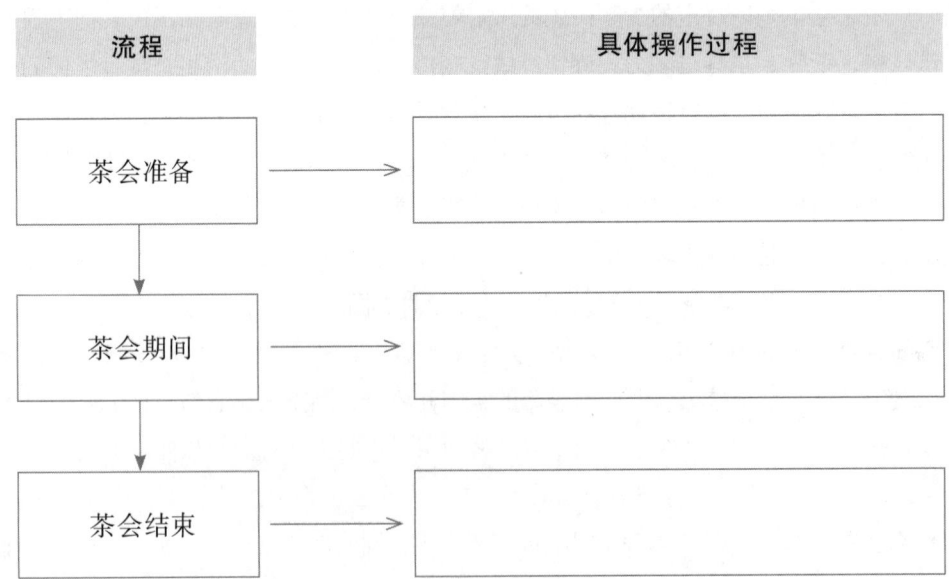

第一章 实体店日常运营

表1：服务标准培训活动说明表

序号	步骤	操作及说明	标准
1	介绍茶馆的组织结构	①展示茶馆组织结构图。 ②介绍茶馆各部门的功能。	熟悉茶馆的组织结构及各部门的功能。
2	组织茶师角色扮演	①协调各小组的人员分配。 ②落实小组服务标准展示的顺序。	迅速协调好分工。
3	介绍领班的服务标准	①展示领班的服务图片。 ②讲述领班的服务标准。	①思路清晰。 ②语言表述简练。 ③时间控制适当。 ④能组织小组展示效果。
4	介绍茶师的服务标准	①展示茶师的服务图片。 ②讲述茶师的服务标准。	①思路清晰。 ②语言表述简练。 ③时间控制适当。 ④能组织小组展示效果。
5	介绍收银员的服务标准	①展示收银员的服务图片。 ②讲述收银员的服务标准。	①思路清晰。 ②语言表述简练。 ③时间控制适当。 ④能组织小组展示效果。

表2：服务标准培训活动检测表

茶艺师： 班级：

序号	举证内容	举证标准	评判结果 是	评判结果 否
1	组织分工	协调各小组进行具体分工。		
2	介绍茶馆的组织结构	①展示茶馆组织结构图。 ②介绍茶馆各部门的功能。 ③熟练掌握茶馆的组织结构及各部门的功能。		
3	介绍领班的服务标准	①展示领班的服务图片。 ②讲述领班的服务标准。		
4	介绍茶师的服务标准	①展示茶师的服务图片。 ②讲述茶师的服务标准。		
5	介绍收银员的服务标准	①展示收银员的服务图片。 ②讲述收银员的服务标准。		

检查人： 时间：

第一节 茶师管理与激励

03 做好茶馆人员的常规管理

【学习目标】
1. 能描述茶馆人员常规管理的内容。
2. 能根据茶馆的营销活动计划,做好排班,满足各个岗位的需求。

【核心概念】

常规管理:指店长根据茶馆的经营目标,加强茶师的规范管理,具体包括考勤管理、团队管理、业绩考核管理、服务技能培训等。

【基础知识】

茶馆人员的常规管理是茶馆经营得以顺利进行的重要保证。由于茶师是具有茶叶专业知识和茶艺表演、服务、管理技能等综合素质的专职技术人员,在茶馆经营中起着重要作用,对他们的常规管理也就显得尤为重要:

● 日常管理的内容,包括负责对各岗位做好考勤记录,监督茶师的仪容仪表和服务规范,主动协调茶师之间的关系。

● 业绩考核的内容,包括合理评估茶师的工作业绩,将其作为茶师晋升、加薪和调离的基本依据。

● 技能培训的内容,包括对新老员工开展针对性职业技能培训,如茶品的类别、陈列、促销技巧和服务规范等内容,提升茶馆的良好形象(见第Ⅱ页图④)。

第一章 实体店日常运营

一、日常管理

1. 排班管理

所谓排班管理，即根据实际岗位的工作量来分配相关茶师，通常有定额法、比较法和计划法：

- 定额法是将茶馆的所有业务依据流程进行分析，根据岗位的工作量计算出需要的人员数。
- 比较法是以同类规模的茶馆进行参考，计算出每个岗位所需要的人员数。
- 计划法是根据营销目标和茶馆的员工数，计算出每个岗位所需要的人员数。

根据实际的营业需求，选取其中一种计算方法得出所需人员数后，一般提前一周或十天于班前会时公布。茶师们接到排班通知后，可根据休假需求提出调休。如有茶师因身体状况或其他原因确需调休，应给予调整，并多予以了解与关心。

2. 营业结束后的收尾工作

每日营业结束后，茶馆人员应完成以下收尾工作：

- 做好日常报表，以供店长了解日常销售情况，调整营销策略。
- 核对销售货款，保证现金进出安全。
- 检查茶品出入库的数量，保证进出数量相等。
- 根据活动安排，拟订第二天的具体工作安排。

二、激励管理

根据心理学家马斯洛所提出的需求层次理论，茶馆可实行激励管理。店长应先了解茶师的需求，包括生理需求、安全需求、社交需求、尊重需求和自我实现需求，这样才可以采取有针对性的激励措施，调动茶师的积极性。

实行激励管理，还应注意选择合适的激励方式。每一个年龄段的茶师均各有其特点，如90后茶师普遍个性独立，有创新精神，而有资历的茶师则比较重视工作的稳定性与发展空间。只有选择恰当的激励方式，才能让茶师的工作质量更高、技能更加稳定。

实行激励管理，可采用以下具体方式：

- 帮助茶师制定远景发展目标。向茶师们解读茶馆的发展规划，帮助茶师确定职业发展方向，激励茶师通过自己的努力达到既定目标。
- 授予权力，提升管理能力与责任感。在主题活动中，适当让茶师们在自己所负责的岗位群里独挑大梁，肩负重大责任。
- 给予适当的赞美，提升自信力。对表现较好、业务能力强的茶师，要进行公开赞美与支持，以提升茶师们的自信力。

茶馆经营与管理

- 倾听茶师的"吐槽"。对于工作中所遇到的各种问题，店长要能协助茶师找到解决的方法，提供相关信息，协调各相关方之间的关系。
- 奖励成绩，巩固茶师对茶馆的向心力。奖励成绩是对茶师的工作效果的肯定，可以大大提升茶师的工作效率。
- 提供培训机会，提升茶师的文化层次。茶师的气质来源于所掌握的茶文化的知识和相关领域的技能，提升他们的文化层次，也就提升了茶馆的文化氛围。

三、绩效考核

茶馆可制定明确的日常绩效标准进行考核。该标准需结合茶馆的营销策略制定，且应为茶师通过努力即可达到的标准。

绩效考核的方法有以下两种可供选择：

- 目标管理法。这种方法较注重上下级的互动过程。首先由上级和下属共同制定目标，明确各自的责任和目标，然后以这些目标为标准，对单位和个人的贡献分别进行评估、奖励。
- 全方位考核法。这是一种对茶师的行为和品质进行全面考核的方法，实施时需要听取各方面的意见。可以根据宾客服务调查表、岗位技能调查表等的调查结果对茶师进行全方位评价，在分析讨论的基础上商定本年的绩效目标。

绩效考核的结果应实时公布。这些考核结果既是调整薪资、发放奖金、升降职务的依据，也是激励方式选取的依据。

【活动设计】

下午3点，溢香茶坊将举办一个主题茶会。为了使该活动顺利进行，店长根据茶会特点进行了具体分工，向各位茶师提出了明确的工作要求。

学生的学习活动即根据上述情境模拟进行。

一、活动组织

①将学生分成5人/组，其中一名为店长，其余为茶师。
②每组选择一种激励管理的方法，创设情境，进行团队激励练习。
③小组进行演示时，指定其中一个小组为检测员。
④进行流程总结，选出表现最优的小组进行演示。

二、安全与注意事项

①注意仪容仪表。
②做好协调工作，记录特殊情况。

第一章 实体店日常运营

三、活动实施（见表1：团队激励活动说明表）

四、活动评价（见表2：团队激励活动检测表）

【体验营】

根据绩效考核流程，选择一种方法进行模拟绩效考核，并说说其作用。

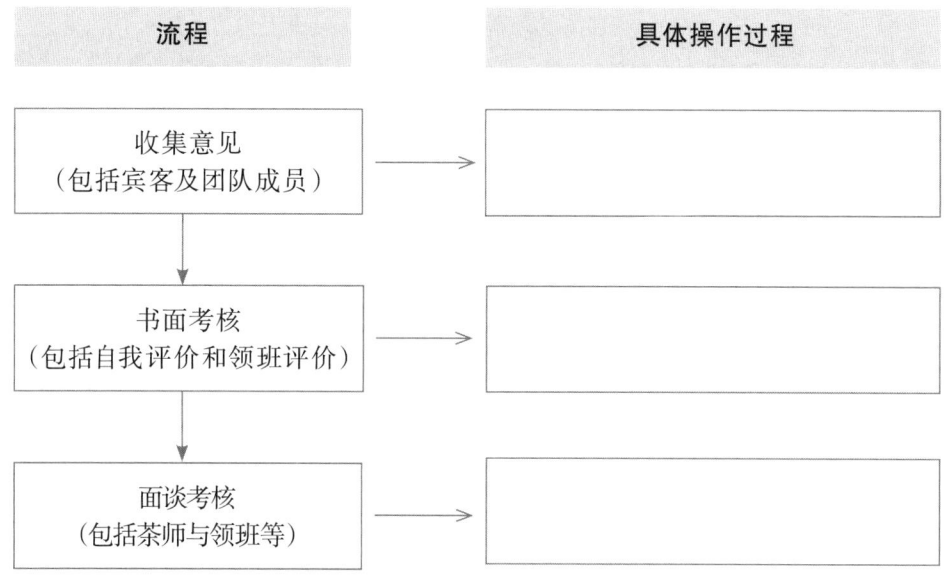

表1：团队激励活动说明表

序号	步骤	操作及说明	标准
1	确定激励主题	①讨论分析团队存在的问题。 ②确定激励的主题。 ③讨论激励情境的具体环节与细节。 ④确定演绎的方式。	①组员轮流发言，共同发现团队的问题。 ②选择突出的问题，确定激励主题。 ③每位组员积极参与、演绎。 ④小组成员协调性好。
2	实施激励方法	①明文确定物质奖励的方式。 ②选择物质奖励的方法。 ③正面表扬茶师的工作表现。 ④公开表彰茶师，进行精神奖励。	①事先设定好目标。 ②确定物质奖励的奖金额、礼品数。 ③宣讲茶师的优秀事迹，播放视频或ppt。 ④颁发奖状、奖牌。
3	展示激励情境	①展示情境。 ②总结情境的作用。	①角色分配合理。 ②环节紧凑，有意义。 ③语言表达简练。 ④团队合作协调。

第一章 实体店日常运营

表2：团队激励活动检测表

茶艺师：　　　　　　　　　　　　班级：

序号	举证内容	举证标准	评判结果	
			是	否
1	确定激励主题	①每位组员发言。		
		②选择突出的问题，确定激励主题。		
		③每位组员积极参与、演绎。		
		④小组成员协调性好。		
2	实施激励方法	①设定好目标。		
		②物质奖励的奖金额、礼品数清晰。		
		③播放视频或ppt。		
		④颁发奖状、奖牌。		
3	展示激励情境	①角色分配合理。		
		②环节紧凑。		
		③语言表达简练。		
		④团队合作协调。		

检查人：　　　　　　　　　　　　时间：

第一节 茶师管理与激励

04 进行专业培训

【学习目标】

1. 能描述专业培训的内容与基本要求。
2. 能根据专业培训流程，组织茶师进行专业培训。

【核心概念】

专业培训：指对茶师进行培训和教育，包括日常工作中典型的经验性工作案例，专业的知识，熟练的技能等。通过培训，可提升茶师的专业能力，促进茶馆的发展。

【基础知识】

一、完善专业培训流程

茶馆开展专业培训工作，一定要做好培训规划，明确培训流程。详见"茶馆的专业培训流程"图。

- 提出培训需求。茶馆应根据自身的文化建设需要、茶师的技能缺陷，以及行业发展的情况，提出相应的培训需求。
- 制定培训计划。包括培训的对象、培训的时间、培训的内容和方法等。
- 组织课程，确定培训导师。设计培训课程的具体内容，邀请行业里较权威的专家作为培训导师。
- 申请费用。做好培训费用的预算，包括培训资料、课酬、原材料等。
- 组织培训活动。要注意协调好茶师的工作时间与导师的培训时间。

第一章 实体店日常运营

● 培训课堂监控。监控好每一次培训课程，及时收集茶师的培训反馈，调整培训内容和时间。

● 组织培训考核。为每一次培训组织考核活动，以提高培训质量。

● 制作培训档案。为培训做好档案记录，以便有系统地定期组织培训活动。

● 公布培训效果，结束培训。将培训情况及时反馈给参与培训的茶师，同时确定下一次培训的时间与对象。

二、建立培训导师体制

● 外聘导师。选择行业内较权威的导师，成立导师团。

● 内聘师傅。选择茶馆内业绩优秀、技能突出、专业理论扎实的优秀茶师作为培训师傅。

● 构建培训导师队伍。将内、外导师团的人员纳入培训专家库，分设高级导师、中级导师和初级导师，明确每一层级导师的培训要求。

三、构建培训课程体系

● 新员工入职培训。对新员工进行茶馆文化、茶馆制度及各岗位的服务标准培训。

● 信息技术能力培训。为技师和高级技师提供各种多媒体软件技术支持，鼓励他们在工作中多使用各种设备，并进行相应的操作方法培训。

● 市场营销能力培训。对茶师进行优秀导购员培训，包括宾客需求的发现，茶品的陈列，销售技巧的使用，促销计划的制订，销售渠道的管理等营销知识与技巧。

● 茶馆管理能力培训。对领班、店长进行管理技能培训，包括如何带领团队进行茶品销售工作，如何建设团队等（见第Ⅱ页图⑤）。

【活动设计】

溢香茶坊的店长小洪将于本日为茶师举办一场专业技能培训的讲座。

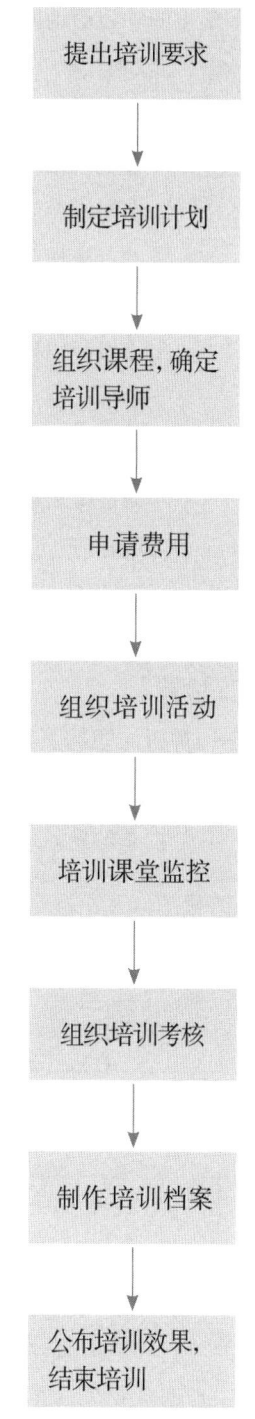

茶馆的专业培训流程

茶馆经营与管理

学生的学习活动即根据上述情境模拟进行。

一、活动组织

①将学生分成5人/组,一人为店长,其他为茶师。

②每组根据培训的流程和主题进行练习。

③小组进行演示时,指定其中一个小组作为检测员。

④进行流程总结,选出表现最优的小组进行演示。

二、安全与注意事项

①注意仪容仪表。

②培训内容清晰,要求明确。

③做好协调工作,记录特殊情况。

④需提醒用电、用水安全。

三、活动实施(见表1:培训工作活动说明表)

四、活动评价(见表2:培训工作活动检测表)

【体验营】

针对新入职的茶师进行茶馆文化、制度、服务标准等方面的培训。

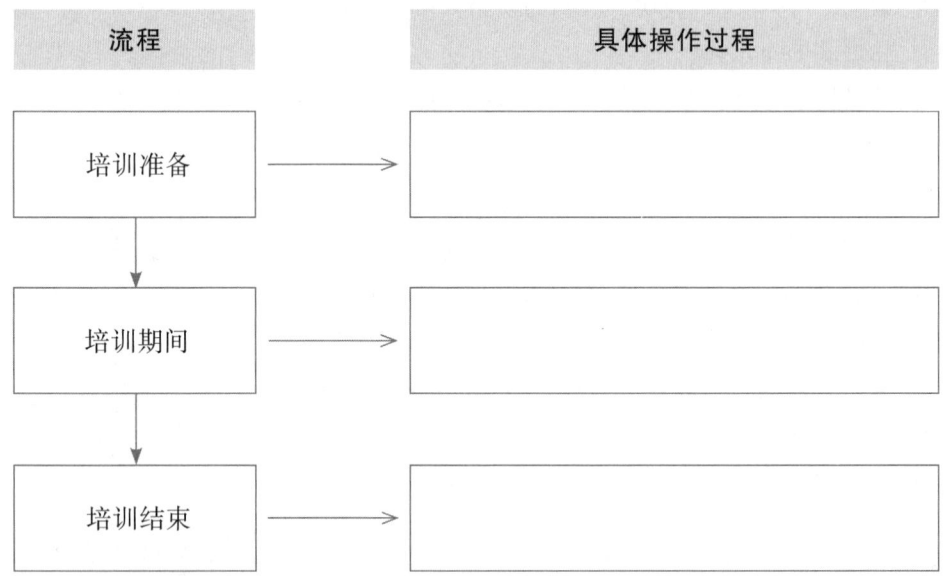

第一章　实体店日常运营

表1：培训工作活动说明表

序号	步骤	操作及说明	标准
1	宣布培训计划	①宣布培训时间、对象。②告知培训内容。	①培训时间、对象清晰。②将培训内容制成表格。
2	提出培训要求	①培训的考勤要求。②培训的技能要求。③培训的考核要求。	①说明培训的考勤方式。②明确培训的技能提升要求。③考核方式及成绩计算的标准明确。
3	介绍培训导师	①介绍导师的资格。②介绍导师的网络培训途径。	①语言清晰，人物介绍重点突出。②课余培训的方式超过两种。
4	实施培训课程	①准备多媒体设备。②录制培训课程的全过程。③协助培训。	①多媒体设备齐全，功能齐全。②实时录制培训课程。③协助导师进行技能展示。
5	展示培训效果	①制定培训考核方案。②组织考核。③展示成绩。	①考核方案可行性强。②考核方式操作性强。③及时公布成绩。
6	制定培训档案	①整理培训资料。②做好档案记录。③建档。	①培训资料目录清晰。②档案标记清晰。

表2：培训工作活动检测表

茶艺师：　　　　　　　　　　班级：

序号	举证内容	举证标准	评判结果	
			是	否
1	宣布培训计划	①培训时间、对象清晰。		
		②将培训内容制成表格式。		
2	提出培训要求	①说明培训的考勤方式。		
		②明确培训的技能提升要求。		
		③考核方式及成绩计算的标准明确。		
3	介绍培训导师	①语言清晰，人物介绍重点突出。		
		②课余培训的方式超过两种。		
4	实施培训课程	①多媒体设备齐全，功能齐全。		
		②实时录制培训课程。		
		③协助导师进行技能展示。		
5	展示培训效果	①考核方案可行性强。		
		②考核方式操作性强。		
		③及时公布成绩。		
6	制定培训档案	①培训资料目录清晰。		
		②档案标记清晰。		

检查人：　　　　　　　　　　时间：

第一章 实体店日常运营

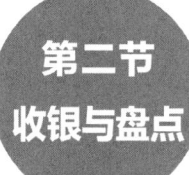

第二节 收银与盘点

01 能提供收银服务

【学习目标】
1. 能为宾客提供收银服务。
2. 能描述收银交班的要求。

【核心概念】
　　收银服务：根据宾客的消费，结算消费总额，并使用宾客选择的支付方式为其结账。支付方式包括微信、支付宝、银行卡、现金等。

【基础知识】
一、收银服务流程

　　收银员是茶馆经营中不可或缺的一个岗位，负责茶馆的结账服务与日常营业情况的分析。开始营业前，收银员需先检查仪容仪表，检查收银设备及用具，经营期间应确保收银台的干净整洁。其具体流程详见"茶馆的收银服务流程"图。

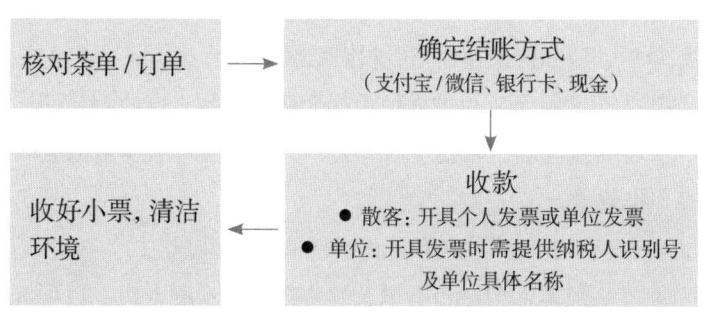

茶馆的收银服务流程

- 核对茶单。收银员收到茶师交来的茶单时，应核对消费数额，打印消费总数，并用签字笔圈出消费总额，提醒宾客。
- 确定结账方式。茶师将清单交给宾客核对后，需要询问其选择支付的方式（包括支付宝、微信、银行卡、现金等）。
- 收款。如果是个人消费，需询问是否开具发票。如开具发票，属于个人消费的，应以消费者的名字作为单位抬头；如果是单位，则需要宾客提供单位纳税人识别号及单位具体名称。
- 收拾整理。收银员需要及时整理收银台，以保证环境清洁、干净。

二、收银员交班流程

- 在收银系统交班表上，当收银员处于上班状态时，标记为"×"；当收银员完成交班工作，处于下班状态时，标记为"√"。
- 收银员交班后，应立即进行营业日结工作，把营业日期调整为当天，以便另一收银员开展营业收款和结账工作（见第Ⅳ页图①）。

三、收银服务的典型工作任务

1. 当客人提出结账时，茶师应如何处理？

当客人提出结账，或者示意结账时，茶艺师应立即向前，在2米的范围内向客人微笑点头，表示明白客人的意思，然后取出桌旁点餐单，并且说："好的，请稍等，马上为您打印账单。"

假如茶艺馆在此经营时段内可以使用现金优惠券，则还应询问客人有无可使用的优惠券。

假如茶馆提供免费停车服务，需请客人出示停车卡或停车券，以便盖章确认由茶馆承担客人的停车费用。

之后，茶师应迅速至收银台将茶单交给收银员，并准确地告知收银员准备结账的台/房的号码。如果等待结账的台账超过5张单据，茶师在交单后，可以返回值台区域继续进行茶事服务；如果等待结账的台账少于5张单据，茶艺师可以等待收银员打印账单。

2. 茶师拿到账单后，应如何快速地开展收银结账服务？

茶师应预计到客人可能将会支付的人民币的面额，并预先向收银员领取相应找零的金额备好。这样做，一方面能当场把零钱交给客人，另一方面可减少自己去收银台收付现金的往返次数，提高工作效率。

茶师收到大面额人民币时，应在10秒钟内鉴别出其真伪。

茶师还应预计到客人可能需要刷银行卡，故应带上移动刷卡机，以便客人当场刷卡，并及时打印银联收据让客人签字，迅速完成结账工作。

第一章 实体店日常运营

【活动设计】

下午,溢香茶坊的主题会议室正在进行一场主题茶会,大厅及户外的散客饮茶服务同时进行中。店长小洪主持主题茶会,4位茶师辅助,经理王珊、培训主管张敏作为自由人做好统筹工作。大厅工作则由副店长小阳负责,领班小倩和4位茶师共同经营。收银员小岚也忙碌着。下午五点后,饮茶的散客陆续开始结账;六点,经理王珊与购买主题茶会服务的吴总也前来买单。根据公司财务管理的要求,小岚分别收取了团队与散客的消费金额。之后,将于下午六点半下班的小岚开始做交接工作的准备。接班的收银员杨玲于六点十五分到岗,与小岚做现金交接,无误后,两人顺利交班。晚上九点半开始,杨玲组织茶师们开始做一天的茶品盘点,填写盘点情况,并打印盈利分析报告。

学生的学习活动即根据上述情境模拟进行。

一、活动组织

①将学生分成5人/组,其中一个为店长,一个为收银员,其他为茶师。

②每组进行收银服务的练习。

③小组进行演示时,指定其中一个小组作为检测员。

④进行流程总结,选出表现最优的小组进行演示。

二、安全与注意事项

①注意仪容仪表。

②做好协调工作,记录特殊情况。

③注意用电安全。

三、活动实施(见表1:收银流程活动说明表)

四、活动评价(见表2:收银流程活动检测表)

【体验营】

根据收银交班流程,分小组进行交班操作。

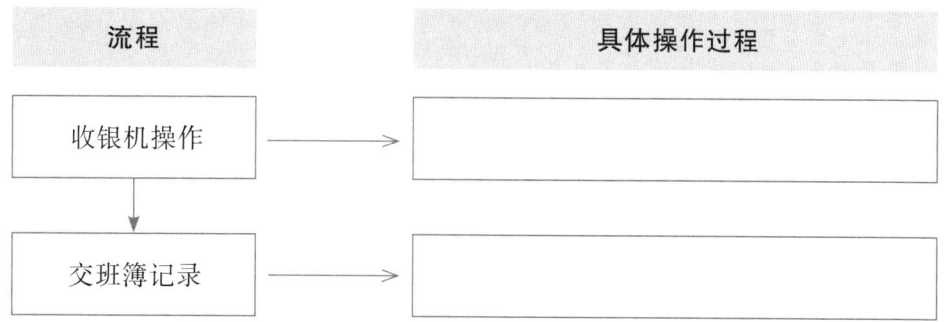

流程	具体操作过程
收银机操作	
交班簿记录	

表1：收银流程活动说明表

序号	步骤	操作及说明	标准
1	核对茶单	①核对茶品名称、数量、单价。 ②核算茶单的总价。	①双手接单。 ②语言清晰，复述消费的茶品、数量。
2	确定结账方式	①询问支付方式。 ②针对现金，检验真假钞。 ③针对银行卡，查验真伪。 ④针对网络支付方式，熟练操作。 ⑤打印小票。	①微笑询问客人。 ②用验钞机检验真假钞。 ③用专用的设备进行操作。 ④小票打印后，用笔圈出消费总额。
3	收款	①确定消费主体是个人还是单位。 ②询问是否开具发票。 ③给单位开具发票时，请客人提供纳税人识别号及单位具体名称。	①询问消费主体。 ②询问开具发票的主体。 ③请客人提供纳税人识别号及单位具体名称。
4	收拾整理	①收好小票。 ②整理收银台。	①票据整齐。 ②收银台干净、整齐。

第一章 实体店日常运营

表2：收银流程活动检测表

茶艺师：　　　　　　　　　　　　　班级：

序号	举证内容	举证标准	评判结果	
			是	否
1	核对茶单	①核对茶品名称、数量、单价。		
		②核算茶单的总价。		
2	确定结账方式	①询问支付方式。		
		②针对现金，能够检验真假钞。		
		③针对银行卡，能够查验真伪。		
		④针对网络支付方式，能够正确操作。		
		⑤打印小票。		
3	收款	①询问散客开具个人发票还是单位发票。		
		②给单位开具发票时，请客人提供纳税人识别号及单位具体名称。		
4	收拾整理	①收好小票。		
		②保证收银环境清洁。		

检查人：　　　　　　　　　　　　　时间：

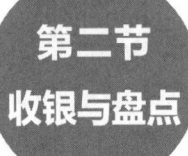

02 能进行收银盘点，分析销售情况

【学习目标】

1. 能进行收银盘点。
2. 能根据收银盘点的数据进行销售情况分析。

【核心概念】

收银盘点：指收银员每天营业结束后，利用收银机的盘点功能，对当天的结账收入进行数量清点的作业，并根据所获得的数据进行销售分析，上报相关数据。

【基础知识】

一、收银盘点流程

收银员在茶馆结束营业后，每天均需对营业情况进行盘点，了解营业情况，出具销售情况分析表，以便为店长改善经营策略提供决策依据。其过程详见"茶馆的收银盘点流程"图。

● 暂停收银。营业结束后，收银员提前一个小时暂停收银，以保证有足够的时间对当天的营业情况进行分析。

● 进行结班程序。收银机有自带的结班系统，收银员根据流程进行操作，完成结班程序。

● 整理现金或凭证票据，打印票据。收银员打印好结班数据后，整理收银机的现金，清点数额；然后整理消费凭证的票据，如果没有打印清晰，可以根据时间调出来重新打印。

● 退出系统。收银员检查现金及票据，如数量无误，则结束操作，退出系统。

第一章 实体店日常运营

- 填写结班表。根据打印出来的结班数据，填写结班表。
- 现金存放保险柜。将收银机内的现金全部存放进保险柜，以备查对。
- 关闭电源。收银员完成操作后，可关闭电源。
- 清洁收银台。收银员整理收银台，以保证其干净整理。至此，收银员完成一天的工作。

二、收银机盘点的目的

- 收银员每天进行收银机现场盘点，可确定其中实际的现金量。将这一数额与收银机读数上显示的现金量进行对比，可及时发现并控制异常状况。
- 收银员每天进行收银机现场盘点，可验证收银员的准确性和诚实性。如果收银员在实际的结账过程中因外界影响而出现错收，盘点时就能及时有效地发现问题。此外，茶馆在日常经营中会涉及大量现金，也就意味着收银员要经手大量现金，为了预防因不诚实行为而导致的超短账现象，收银机现场盘点能起到有效的震慑作用。
- 收银员每天进行收银机现场盘点，可及时掌握日常销售情况，调整销售策略。

三、收银机盘点基本要求

- 收银机的盘点必须由当班收银员完成，店长也必须同时在场，出现任何差错需立即与收银员一同进行复核。
- 盘点应在固定的时间段进行，以不影响营业为原则。

四、收银机盘点指引

- 收银员应使用授权钥匙，打印收银机的读数，并将该读数填写到日常盘点表上的相应栏目处。
- 收银员要认真清点各种面额的纸币和硬币，计算出实际总金额，将清点结果填写到日常盘点表上的相

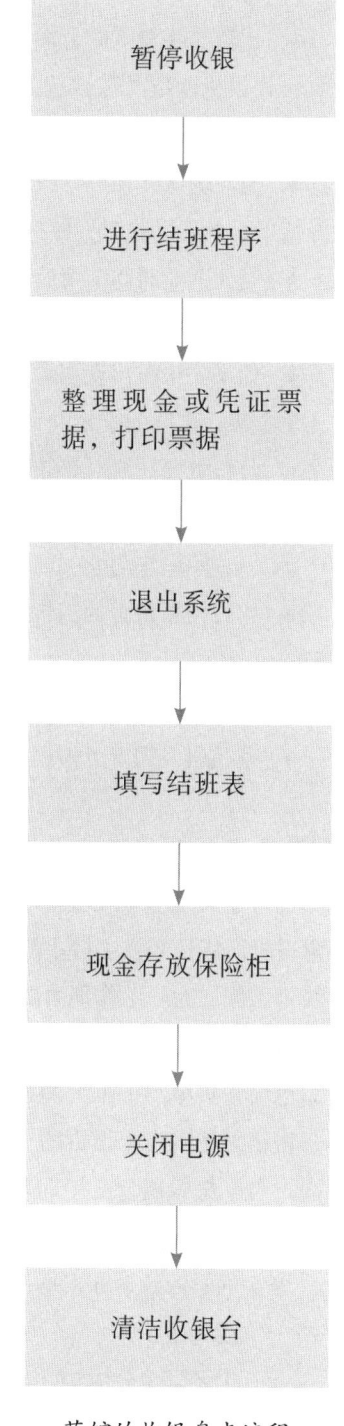

茶馆的收银盘点流程

应栏目下。

- 比较实际盘点的金额是否与收银机读数及零钞基金的累计值相符，如果实际盘点金额大于收银机读数及零钞基金的累计值，则说明收银机超账；反之，该收银机短账。在这种情况下，收银员需再次复盘确认。
- 复盘确认无误后，收银员须在收银机现场盘点表上记录超短账金额。店长及收银员双方签字，并帮助收银员寻找差异原因。
- 当天营业时间结束后，收银员把当天收银机现场盘点的现金存进保险箱。

五、盘点后出现问题的处理方案

- 如果收银机出现超短账异常情况，应当从以下方面寻找原因：现金提取记录未全部计入总金额；作废的交易没有完成操作程序，导致总金额出错。
- 收银员要认真对待超短账的问题，如果超过的数额较大，能找到原因的，需要重新设置备用金；如果没能发现问题的，则应通知风险防控部。

六、收银盘点数据分析

- 店长根据每天的销售数量进行数据分析，从而确定每个茶品的数量，并维持安全库存量。
- 对各茶品所作的销售分析将作为店长订货的依据。
- 茶品研发团队可根据各类茶、饮品的消费者分析，决定调整或研发茶品的方向。

【活动设计】

下午，溢香茶坊的主题会议室正在进行一场主题茶会，大厅及户外的散客饮茶服务也照常进行。店长小洪主持主题茶会，4位茶师辅助，经理王珊、培训主管张敏作为自由人做好统筹工作。大厅工作则由副店长小阳负责，领班小倩和4位茶师共同经营。收银员小岚也忙碌着。下午五点后，饮茶的散客陆续开始结账；六点，经理王珊与购买主题茶会服务的吴总也前来买单。根据公司财务管理的要求，小岚分别收取了团队与散客的消费金额。之后，将于下午六点半下班的小岚开始做交接工作的准备。接班的收银员杨玲于六点十五分到岗，与小岚做现金交接，无误后，两人顺利交班。晚上九点半开始，杨玲组织茶师们开始做一天的茶品盘点，填写盘点情况，并打印盈利分析报告。

学生的学习活动即根据上述情境模拟进行。

一、活动组织

①将学生分成5人/组，其中一个为店长，一个为收银员，其他为茶师。

②每组进行收银盘点的操作练习。

第一章 实体店日常运营

③小组进行演示时，指定其中一个小组作为检测员。

④进行流程总结，选出表现最优的小组进行演示。

二、安全与注意事项

①注意仪容仪表。

②做好协调工作，记录特殊情况。

③注意用电安全。

三、活动实施（见表1：收银盘点活动说明表）

四、活动评价（见表2：收银盘点活动检测表）

【体验营】

将提供的具体营业销售小票的项目录入收银机，并根据收银盘点流程，分小组进行盘点操作。

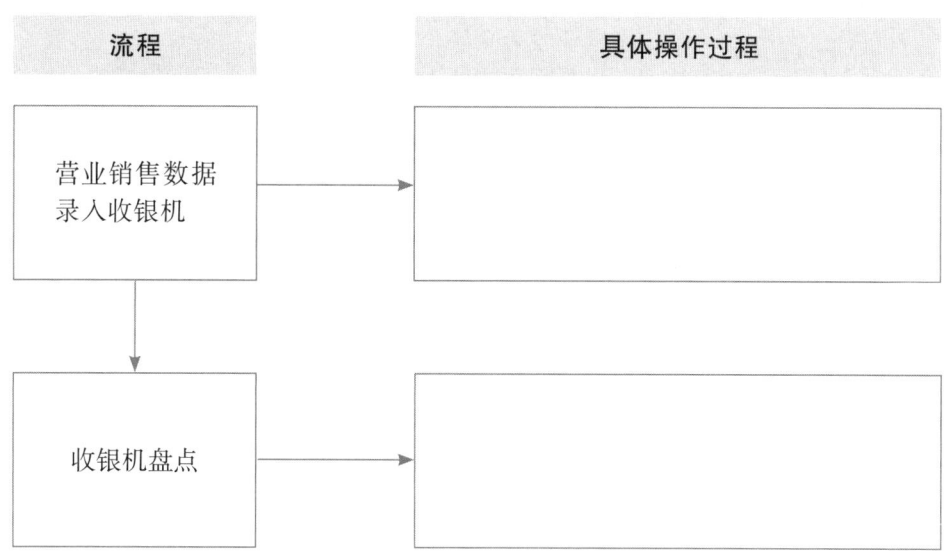

表1：收银盘点活动说明表

序号	步骤	操作及说明	标准
1	暂停收银	告知同事暂停收银。	告知同事暂停收银。
2	进行结班程序	点击收银盘点功能键。	熟练使用收银机盘点功能键。
3	整理现金或凭证票据	①唱点现金。 ②唱点凭证票据。	①现金数额无误。 ②票据营业收入总额与实际总额相符。
4	打印票据	打印票据。	核对无误，打印票据。
5	退出系统	点击结束系统操作键。	结束系统操作。
6	填写结班本	①记录盘点现金数额。 ②记录营业收入总额。 ③记录出现问题的原因。 ④填写需跟进的事项。	填写好盘点情况。
7	现金送交现金室	①按照程序将现金存进保险柜。 ②记录情况。	按照程序上交当天现金，做好记录。
8	关闭电源	①点击关闭收银机的功能键。 ②将电源关闭。	关闭收银机电源。
9	清洁收银台	①整理收银所用的文具。 ②清洁收银台的卫生。 ③将其他物品摆放整齐。	整理收银台。

第一章 实体店日常运营

表2：收银盘点活动检测表

茶艺师： 班级：

序号	举证内容	举证标准	评判结果	
			是	否
1	暂停收银	告知同事暂停收银。		
2	进行结班程序	熟练使用收银机盘点功能键。		
3	整理现金或凭证票据	①唱点现金。		
		②唱点凭证票据。		
4	打印票据	打印票据。		
5	退出系统	结束系统操作。		
6	填写结班本	填写好盘点情况。		
7	现金送交现金室	按照程序上交当天现金，做好记录。		
8	关闭电源	关闭收银机电源。		
9	清洁收银台	整理收银台。		

检查人： 时间：

第二节 收银与盘点

03 能进行茶品及用品盘点

【学习目标】
1. 能根据营业管理的要求,进行茶品盘点,记录数据。
2. 能根据营业管理的要求,进行茶馆用品盘点,记录数据。

【核心概念】
　　茶品盘点:指对茶馆现有茶品库存实际状况的具体清点,对茶品管理的状态做详细的分析,计算出茶馆真实的存货、费用率、毛利率、货损率等经营指标。

【基础知识】
　　一、茶品及用品盘点流程
　　茶品是茶馆经营的基础,做好茶品管理是增强茶馆竞争力的手段之一,也是主要内容。在茶馆的经营中,盘点可以说是一项最繁重、最耗时的作业。盘点工作的进行首先是对现有茶品库存实际状况的具体清点,因为电脑反映的数据与实际数据总有一定的差距。除此之外,通过盘点,还可以对过去茶品管理的状态做详细的分析,为将来茶品管理的改进提供有价值的参考资料,同时计算出茶馆真实的存货、费用率、毛利率、货损率等经营指标。因此,茶品盘点是茶馆经营中必不可少的环节,盘点结果是衡量企业经营状况好坏的最标准尺度。其过程详见"茶品及用品盘点流程"图。
　　● 盘点规划。对所有需要盘点的茶品区域进行编号规划。
　　● 盘点陈列图确认。对茶馆需要盘点的所有区域的陈列图进行确认,做好以下工作:①准备好盘点所需要的文具、用具等。②准备盘点表。即在库存区预盘点前,将所有的盘

第一章 实体店日常运营

点表审核、准备完毕。③设置盘点图。将茶馆所有陈列区域的茶品及用品设置到计算机系统。

- 库存区预盘点。盘点日前一天对整个茶馆的库存区进行提前盘点，但资料与陈列区的盘点资料一起输入。
- 停止营业。盘点前2小时停止营业（盘点公告应在一周前公示）。
- 陈列区盘点。关店后进行陈列区盘点（见第Ⅳ页图②）。
- 盘点结果确认。将陈列区、库存区的所有盘点数据输入计算机进行处理，并对差异报告进行分析、重盘等，最终确认本次盘点的库存金额，然后由茶馆财务人员计算本营运阶段的盘点损耗率。
- 盘点结束。盘点结束后，立即恢复营业。根据盘点情况，调整补充茶品与用品。

二、茶品及用品盘点的原则

在进行茶品盘点时，应该按照以下原则进行：

- 真实性。包括盘点的数据与实物的数据应相符合，资料是真实的，不允许作弊或弄虚作假，掩盖漏洞和失误。
- 准确性。盘点的过程要求准确无误，包括资料的输入、陈列的核查、盘点的点数。
- 完整性。确保盘点的每个流程都落实到各个工作环节，不要遗漏区域、遗漏茶品。
- 清晰度。茶品盘点过程是一个清晰的流水作业过程，每个人的工作任务明确，因此可以责任到人，相关负责人对所负责的工作资料必须清楚，书写必须工整，茶品的整理必须清晰，才能使盘点顺利进行。
- 协作性。盘点是全店人员都参加的营运过程。为减少停业的损失，加快茶品盘点的进度，必须强调团队精神。也就是说，每个人都必须有良好的配合，以大局为重，使整个茶品盘点按计划进行。

三、盘点时间的确定

店长决定盘点时间时，既要考虑盘点时间过久对茶馆造成的

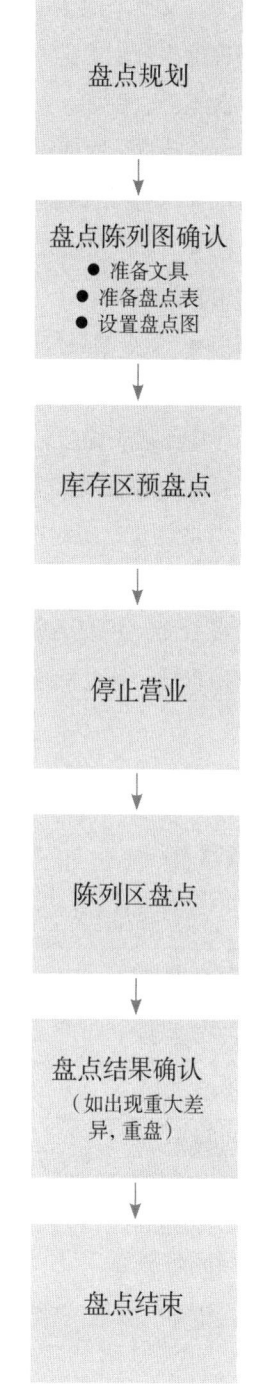

茶品及用品盘点流程

损失，又要考虑茶馆库存的情况。店长可根据茶品的不同特性、价值大小、流动速度、重要程度来分别确定不同的盘点时间，盘点时间的间隔可以每周、每月、每季度、每年盘点一次不等。例如，A类主要茶叶每周盘点一次，B类茶具每季度盘点一次，C类茶馆固定物品每年盘点一次即可。通常来说，盘点的日期和具体时段一般会按以下原则选择：

- 财务结算前夕。通过盘点计算损益，以查清财务状况。
- 淡季。因淡季储货较少，业务不太繁忙，盘点较为容易，投入资源较少，且人力调动也较为方便。
- 盘点的具体时段一般定为晚上营业结束后，特殊情况除外。

当然，除上述原则外，也可以根据茶馆的实际情况确定盘点时间。如需更改盘点日期，应由店长提前5天申请更改并通知有关人员。

四、茶品茶点盘点登记

收银员交班时进行茶品、茶点的盘点登记，双方同时在场，清点茶品，逐一登记。如表1所示，通常来说，常用茶品都会打印造册，临时增加的茶品则用手写的方法填写在品种项目后面，并记录剩余的数量。所有散茶茶品都要过秤并打包成小包装，既便于盘点，也方便管理，且可杜绝偷窃现象。

表1：茶品茶点登记表

填写人：　　　　　　　　　　核对人：

茶品	数量	茶点	数量/重量
狮峰龙井		乌梅条	
古树生普		鱿鱼丝	
极品普洱		橄榄	
凤凰单枞		…	
安溪铁观音		…	
洞庭碧螺春		…	
八宝茶		…	

填制日期：＿＿年＿＿月＿＿日

第一章 实体店日常运营

【活动设计】

　　下午，溢香茶坊的主题会议室正在进行一场主题茶会，大厅及户外的散客饮茶服务同时进行中。店长小洪主持主题茶会，4位茶师辅助，经理王珊、培训主管张敏作为自由人做好统筹工作。大厅工作则由副店长小阳负责，领班小倩和4位茶师共同经营。收银员小岚也忙碌着。下午五点后，饮茶的散客陆续开始结账；六点，经理王珊与购买主题茶会服务的吴总也前来买单。根据公司财务管理的要求，小岚分别收取了团队与散客的消费金额。之后，将于下午六点半下班的小岚开始做交接工作的准备。接班的收银员杨玲于六点十五分到岗，与小岚做现金交接，无误后，两人顺利交班。晚上九点半开始，杨玲组织茶师们开始做一天的茶品盘点，填写盘点情况，并打印盈利分析报告。

　　学生的学习活动即根据上述情境模拟进行。

　　一、活动组织

　　　　①将学生分成5人/组，一个店长，一个收银员，其他为茶师。

　　　　②每组进行茶品及用品盘点的练习。

　　　　③小组进行演示时，其中有一个小组为检测员。

　　　　④进行流程总结，选出表现最优的小组进行演示。

　　二、安全与注意事项

　　　　①注意仪容仪表。

　　　　②做好协调工作，记录特殊情况。

　　　　③注意用电安全。

　　三、活动实施（见表2：茶品与用品盘点活动说明表）

　　四、活动评价（见表3：茶品与用品盘点活动检测表）

茶馆经营与管理

【体验营】

根据流程，分小组进行茶品与用品盘点操作。

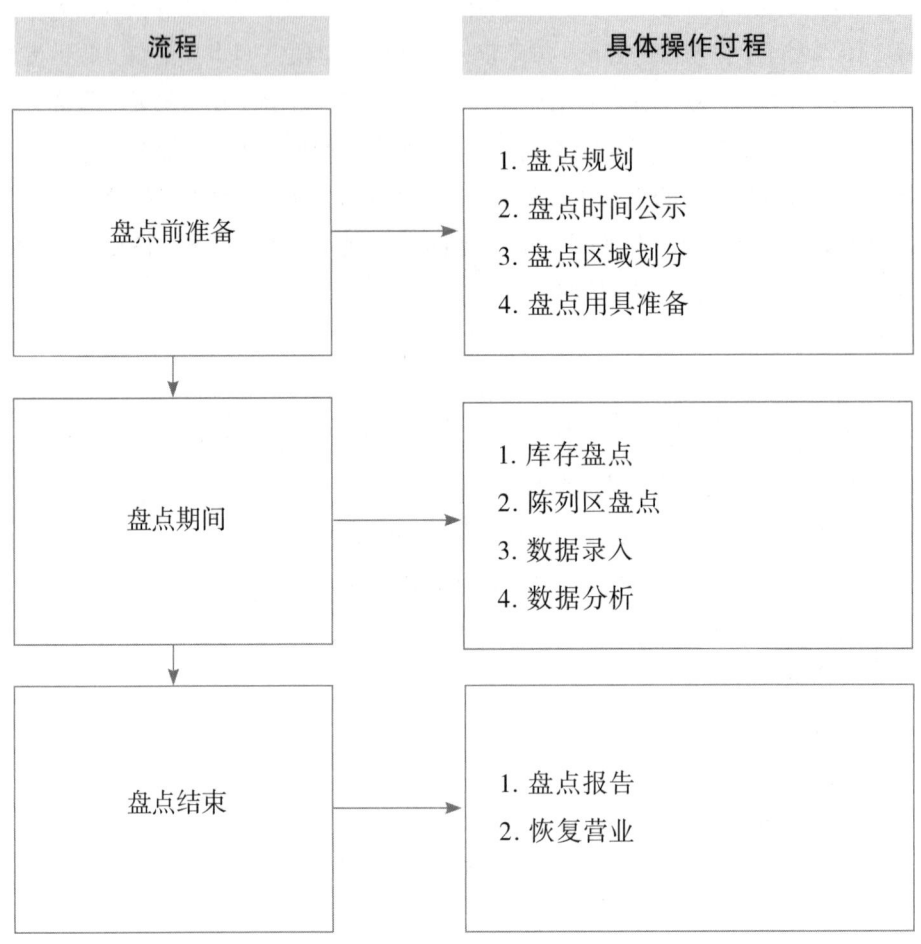

表2：茶品与用品盘点活动说明表

序号	步骤	操作及说明	标准
1	盘点规划	①对所有需要盘点的茶品区域进行分类。 ②编制盘点编号。	①划分盘点区域。 ②编制盘点号。
2	盘点陈列图确认	①编制盘点图。 ②确定每个区域的陈列图。	对整个茶馆所有需要盘点的区域的陈列图进行确认。
3	盘点前准备工作	①准备文具。 ②准备盘点表。 ③设置盘点图。	①准备盘点所需文具、用具等。 ②在库存区预盘点前，审核所有的盘点表。 ③将所有陈列区域的茶品及用品设置到计算机系统。
4	库存区预盘点	①提前一周分配负责库存区盘点的茶师的工作任务。 ②提前一天对库存区进行盘点。 ③输入盘点资料。	①盘点数据清晰。 ②将盘点数据录入计算机。
5	停止营业	①进行茶品及物品盘点的信息在一周前公示。 ②盘点前2小时停止营业。	①提前一个星期公示信息。 ②提前2个小时停止营业。
6	陈列区盘点	①分配任务给茶师。 ②组织茶品及物品盘点。 ③输入盘点资料。	①任务明确。 ②数据清晰。 ③录入计算机。
7	盘点结果确认	①陈列区、库存区的所有盘点数据录入计算机进行处理。 ②分析差异报告。 ③如出现问题，重新盘点。 ④确认本次盘点库存茶品、用品数量，以及现金金额。	①录入数据。 ②分析报告。 ③确认数据。
8	盘点结束	①恢复工作。 ②根据盘点情况，调整补充茶品与用品。	①盘点时间适合。 ②及时补充茶品及用品。

表3：茶品与用品盘点活动检测表

茶艺师：　　　　　　　　　　　班级：

序号	举证内容	举证标准	评判结果 是	否
1	盘点规划	①对所有需要盘点的茶品区域进行分类。		
		②编制盘点编号规划。		
2	盘点陈列图确认	对整个茶馆所有需要盘点的区域的陈列图进行确认。		
3	准备文具	准备盘点需要的文具、用具等。		
4	准备盘点表	在库存区预盘点前，审核所有的盘点表。		
5	设置盘点图	将茶馆所有区域的茶品及用品设置到计算机系统。		
6	库存区预盘点	①盘点日前一天对整个茶馆的库存区进行提前盘点。		
		②库存区与陈列区的盘点资料一起输入。		
7	停止营业	①盘点公告在一周前公示。		
		②盘点前2小时停止营业。		
8	陈列区盘点	关店后进行陈列区盘点。		
9	盘点结果确认	①陈列区、库存区的所有盘点数据输入计算机进行处理。		
		②分析差异报告。		
		③如出现问题，重新盘点。		
		④确认本次盘点库存金额。		
		⑤财务人员计算本营运阶段的盘点损耗率。		
10	盘点结束	①立即恢复营业。		
		②根据盘点情况，调整补充茶品与用品。		

检查人：　　　　　　　　　　　时间：

第一章 实体店日常运营

第二节 收银与盘点

04 能做好茶品出入库管理

【学习目标】

1. 能描述茶品出入库的登记要求。
2. 能熟练掌握出入库的登记流程。

【核心概念】

茶品出入库管理：茶品出入库管理的质量，决定了日常物品管理的质量，影响成本的管理。

【基础知识】

一、茶品入库流程

- 采购部下订单时应该认真审核库存数量，做到以销定进。
- 采购部审核订单时，应根据公司实际情况，核定进货数，杜绝出现库存积压、滞销等情况。
- 订单录入后，采购部应确定工厂送货、到货时间，并及时通知仓库。
- 当茶品从厂家运抵仓库时，收货员必须严格认真检查茶品外包装是否完好，若出现破损或原装短少等情况，收货员必须拒绝收货，并及时上报采购部；若因收货员未及时对茶品进行检查而出现的破损或原装短少等情况，则所造成的经济损失应由该收货员承担。
- 确定茶品外包装完好后，收货员必须根据订单、随货同行联，对进货茶品品名、等级、数量、规格、金额、单价等进行核实，核实正确后方可入库保管。若单据与茶品实物不相符，应及时上报采购人员。若进货茶品未经核对入库，造成货、单不相符，由该收货人承担因此造成的损失。

- 入库茶品在搬运过程中，应按照茶品外包装上的标识进行搬运；在堆码时，应按照仓库堆放距离要求，遵照先进先出的原则进行。若未按规定进行操作，因此造成的茶品损坏，应由收货人承担（见第Ⅳ页图③）。
- 入库茶品明细必须由收货员和仓库管理人员共同核对签字认可。茶品验收无误后，仓库管理员依据验收单及时记账，详细记录茶品的名称、数量、规格、入库时间、单证号码、验收情况、存货单位等，做到账、货相符。若不按照该制度执行，则因验收造成的经济损失，应由仓库管理员承担。
- 按收货流程进行单据流转时，每个环节不得超出一个工作日。

二、茶品出库流程

- 销售部开具出库单或调拨单，单据上应注明产地、规格、数量等。
- 仓库收到以上单据后，在对出库茶品进行实物明细点验时，必须认真清点，核对准确，无误后方可签字认可出库，否则造成的经济损失，由当事人承担。
- 出库要分清实物负责人和承运者的责任。茶品出库时，双方应认真清点并核对出库茶品的品名、数量、规格等，以及外包装完好情况，办清交接手续。若出库后发生货损等情况，则责任由承运者承担。
- 茶品出库当日，仓库管理员应根据正式出库凭证销账，并清点货品结余数，做到账、货相符。
- 按出货流程进行单据流转时，每个环节不得超出一个工作日。

三、茶馆仓库出入库管理制度

1. 总则

- 目的。为了规范茶馆的仓库管理程序，促进仓库各项工作科学、高效、有序地运作，加强对茶品及用品存放及出入库安全管理，提高物品的有效利用率，合理控制费用的支出，保障茶馆各种物品及时供应及茶品销售工作的正常开展，特制订本管理制度。
- 适用范围。本制度详细阐明了茶馆仓库管理职责及茶品、物资出入库管理程序。

2. 物品入库规定

- 仓管应认真清点所要入库物品的数量，并检查好物品的规格、质量，做到数量、规格、品种准确无误，质量完好，配套齐全，并在接收单上签字。
- 物品入库，仓管和采购员应现场交接接收，必须按部门申请所购物品条款内容、物品质量标准，对物品进行检查验收，并做好入库登记。

第一章 实体店日常运营

- 物品验收合格后，应及时入库。
- 物品入库，要按照不同的材质、规格、功能和要求，分类、分别储存。
- 物品数量准确、价格不串。做到账、卡、物、金相符合。
- 易燃、易爆，易感染、易腐蚀的物资，要隔离或单独存放，并定期检查。
- 做好防火、防盗、防潮、防冻、防鼠工作。
- 保持库室内整洁（见第Ⅳ页图④）。

3.物品出库规定

- 物品出库，保管人员要做好记录，并由领用人签字。
- 物品出库，实行"先进先出、推陈出新"的原则，做到保管条件差的先出，包装简易的先出，易变质的先出。
- 本着"厉行节约，杜绝浪费"的原则发放物品，实行以旧换新，专用工具做到专物专用。
- 对于相关部门专用物品的领用，必须要有部门负责人签字方可领取。
- 保管员要做好出库登记，并于每月结账前向财务部门提供出入库报告，以供参考。
- 仓库重地，禁止吸烟，严禁携带易燃易爆品。

【活动设计】

下午，溢香茶坊的主题会议室正在进行一场主题茶会，大厅及户外的散客饮茶服务同时进行中。店长小洪主持主题茶会，4位茶师辅助，经理王珊、培训主管张敏作为自由人做好统筹工作。大厅工作则由副店长小阳负责，领班小倩和4位茶师共同经营。收银员小岚也忙碌着。下午五点后，饮茶的散客陆续开始结账；六点，经理王珊与购买主题茶会服务的吴总也前来买单。根据公司财务管理的要求，小岚分别收取了团队与散客的消费金额。之后，将于下午六点半下班的小岚开始做交接工作的准备。接班的收银员杨玲于六点十五分到岗，与小岚做现金交接，无误后，两人顺利交班。晚上九点半开始，杨玲组织茶师们开始做一天的茶品盘点，填写盘点情况，并打印盈利分析报告。

学生的学习活动即根据上述情境模拟进行。

一、活动组织

①将学生分成5人/组，一个店长，一个收银员，其他为茶师。
②每组进行茶品出入库流程的练习。
③小组进行演示时，其中有一个小组为检测员。
④进行流程总结，选出表现最优的小组进行演示。

茶馆经营与管理

二、安全与注意事项
　　①注意仪容仪表。
　　②做好协调工作，记录特殊情况。
　　③注意用电安全。
三、活动实施（见表1：茶品出入库活动说明表）
四、活动评价（见表2：茶品出入库活动检测表）

【体验营】

根据出入库管理流程，分小组进行操作。

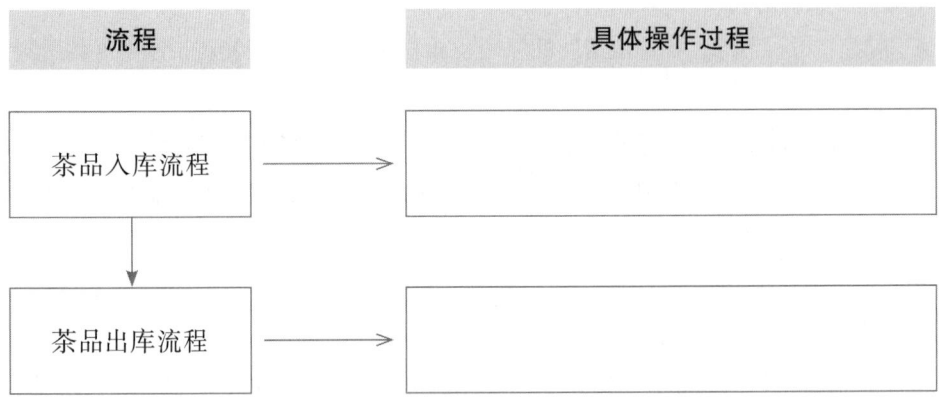

第一章 实体店日常运营

表1：茶品出入库活动说明表

序号	步骤	操作及说明	标准
1	茶品入库流程	①采购部审核库存数量。 ②采购部核定进货数。 ③采购部确定工厂送货、到货时间，及时通知仓库。 ④收货员检查茶品外包装是否完好。 ⑤收货员按照茶品外包装上的标识搬运。 ⑥收货员核对签字认可，做到账、货相符。	①审核库存数量。 ②核定进货数。 ③通知仓库。 ④检查茶品外包装是否完好。 ⑤核对签字认可，做到账、货相符。
2	茶品出库流程	①销售部出具出库单或调拨单，注明产地、规格、数量等。 ②仓库管理员对出库茶品进行实物明细点验。 ③仓库管理员签字认可出库。 ④确认实物负责人和承运者的责任。 ⑤出库时实物负责人和承运者应认真清点核对出库茶品的品名、数量、规格等以及外包装完好情况。 ⑥仓库管理员在出库当日根据正式出库凭证销账并清点货品结余数。 ⑦按出货流程进行单据流转。	①出库单或调拨单注明产地、规格、数量等。 ②对出库茶品进行明细点验。 ③签字认可出库。 ④出库时双方应认真清点核对出库茶品的品名、数量、规格以及外包装完好情况。 ⑤当日根据正式出库凭证销账并清点货品结余数。 ⑥按出货流程进行单据流转。

表2：茶品出入库活动检测表

茶艺师：　　　　　　　　　　班级：

序号	举证内容	举证标准	评判结果	
			是	否
1	茶品入库流程	①采购部审核库存数量。		
		②采购部核定进货数。		
		③采购部确定工厂送货、到货时间，及时通知仓库。		
		④收货员检查茶品外包装是否完好。		
		⑤收货员按照茶品外包装上的标识搬运。		
		⑥收货员核对签字认可，做到账、货相符。		
2	茶品出库流程	①销售部出具出库单或调拨单，注明产地、规格、数量等。		
		②仓库管理员对出库茶品进行实物明细点验。		
		③仓库管理员签字认可出库。		
		④确认实物负责人和承运者的责任。		
		⑤出库时实物负责人和承运者应认真清点核对出库茶品的品名、数量、规格等以及外包装完好情况。		
		⑥仓库管理员在出库当日根据正式出库凭证销账并清点货品结余数。		
		⑦按出货流程进行单据流转。		

检查人：　　　　　　　　　　时间：

第一章 实体店日常运营

第三节 茶品陈列与包装

01 能布置陈列区

【学习目标】
1. 能描述茶品陈列布局的要求与原则。
2. 能根据营销策略,布置茶品陈列区。

【核心概念】
　　茶品陈列:指运用一定的技术和方法对茶品布局进行管理、对茶品进行展示的工作。其目的就是提供茶品的最新信息,刺激顾客的购买欲望,引导顾客的购物导向,创造舒适的购物环境,提升茶企门店的服务形象。

【基础知识】
　　茶品陈列不仅是一门艺术,更是一门科学。在茶品陈列销售区,只有进行有计划的精心安排和摆放,才能让顾客清楚地知道各种茶品放在什么地方,并能将茶品的外观、性能、特征、价格等信息迅速、及时地传递给顾客,进而促销商品。可见,茶品陈列是指运用一定的技术和方法对茶品布局进行管理,对茶品进行展示的工作。其目的就是提供茶品的最新信息,刺激顾客的购买欲望,引导顾客的购物导向,创造舒适的购物环境,提升茶企门店的服务形象(见第Ⅳ页图⑤)。因此,进行茶品陈列,需遵循以下原则:
　　第一,容易选购的原则。在陈列区进行茶品陈列设计时,店长必须从消费者的角度考虑问题,把容易选购作为根本出发点,必须使茶品一目了然,排列简单明了,便于顾客了解,使顾客能够在短时间内找到自己所要购买的茶品。对于同类的茶品,尽可能不要横向排列，而要纵向排列，这符合了顾客的视线上下移动比横向移动方便的规律，也符合顾客的购买习惯。再者，对于一些季节性、节假日、新茶品的推销区和特价区的陈列要更引人注目，而且有艺术感。

第二，愉快购物的原则。顾客在购物时的心情特别重要，良好的心情使顾客有兴趣多看、多比较，进而使顾客不自觉地购买额外的商品。所以，茶师们应该通过对茶品（如茶具、茶叶、茶花等）进行巧妙科学的组合排列，营造出一种温馨、明快、浪漫的特有气氛，消除顾客与茶品的心理距离，使顾客感到可亲、可近、可爱。针对茶品的功能与顾客的需求，茶师还应及时地向顾客介绍，做好导购工作，以激发顾客的兴趣，引导消费。

第三，易见易取的原则（见第Ⅳ页图⑥）。所谓"易见"，就是茶品陈列应容易让顾客看见，一般以水平视线下方20度点为中心的上10度、下20度范围为容易看见部分。茶品陈列要让顾客显而易见，必须做到：①品名和贴有价格标签的茶品正面面向顾客；②每种茶品不能被其他商品挡住视线；③价目牌应与茶品相对应，位置正确；④标识必须填写清楚，产地名称不得用简称，以免造成顾客困扰。

所谓"易取"，就是茶品陈列应让顾客容易触摸、拿取和挑选。这就对陈列商品的货架的高度提出了更高要求。

就货架的高度而言可分为五段。中段被称为"黄金位置"，为一般人最容易拿取东西的高度（男性为70~160厘米，女性为60~150厘米），通常用于陈列主力茶品或有意推广的茶品；次上端（男性为160~180厘米，女性为150~170厘米）、次下端（男性为40~70厘米，女性为30~60厘米）均为手可以拿到东西的高度，一般主要陈列次主力茶品，但次下端一般需顾客屈膝弯腰才能拿到商品，故相比次上端而言，较为不利；上端（男性为180厘米以上，女性为170厘米以上）、下端（男性为40厘米以下，女性为30厘米以下）均为手不易拿到东西的高度，常用于陈列成箱包装的茶品。

第四，同类茶品垂直陈列的原则。所谓垂直陈列，是相对于横向陈列而言的，是指将同一类茶品，沿上下垂直方向陈列在货架的不同高度的层位上。这种陈列遵循了顾客在选择物品时往往视线上下移动比横向移动方便的规律。系列茶品宜垂直陈列（也叫纵向陈列），不可横向陈列。

根据上述原则，陈列茶品时，可灵活运用以下方法：

第一，主题陈列法（见第Ⅴ页图①）。即为茶品的陈列设置一个主题的方法。主题应经常变换，以适应季节或特殊事件的需要。它能为店铺创造出独特的气氛，吸引顾客的注意力，进而实现销售茶品的目的。

第二，整体陈列法（见第Ⅴ页图②）。即将整体茶品完整地向顾客展示的陈列方法，

第一章　实体店日常运营

如将全套茶具完整地布置出来。这一陈列形式能从顾客的角度出发做整体设想，便利于顾客的购买，易为顾客所接受整体陈列。

第三，整齐陈列法（见第Ⅴ页图③）。即按货架的尺寸，确定茶品长、宽、高的数值，将茶品整齐地排列，从而突出茶品的量感，给予顾客视觉上的刺激。所以，被整齐陈列的茶品通常是店铺想大量推销给顾客的茶品，或是由于季节性因素而购买量大、购买频率高的茶品等。运用整齐陈列法时，有时会有不易拿取的缺点，店员应该根据现场状况随时作出调整。

第四，随机陈列法（见第Ⅴ页图④）。即将茶品随机堆放的陈列方法。这一方式主要适用于陈列特价茶品，以便向顾客传递"特卖品即为便宜品"的印象。采用随机陈列法时，一般使用圆形或四角形的网状筐作为陈列用具，另外还要配上表示特价销售的牌子。

第五，盘式陈列法（见第Ⅴ页图⑤）。这实际上是整齐陈列法的一种变化形式，表现的也是茶品的量感，但不同的是，这种陈列方法将装茶品的纸箱底部盘状切开后留下来，然后以盘为单位堆叠上去，这样既可以加快茶品陈列的速度，也能在一定程度上起到提示顾客可以整箱购买的作用。因此，有些盘式陈列仅出现在上面一层，下面则将包装箱完整地直接陈列上去。

第六，关联陈列法（见第Ⅴ页图⑥）。即将不同种类但相互补充的茶品陈列在一起。运用茶品之间的互补性，既可以使得店面整体陈列多样化，也可以使顾客在购买心仪茶品后，也顺便购买旁边的茶品，增加了顾客购买茶品的概率。它的运用原则是茶品互补，也就是说，要打破茶品种类间的区别，贴近顾客的生活实际。

第七，比较陈列法（见第Ⅴ页图⑦）。即将相同茶品按不同规格和数量予以分类，然后陈列在一起。这一陈列法的目的是利用不同规格、不同包装的茶品之间的价格上的差异来刺激顾客的购买欲望，促使其作出购买决策，更多地购买茶品。

第八，分类陈列法（见第Ⅴ页图⑧）。即根据茶品质量、性能、特点和使用对象等进行分类陈列。这一方法可以方便顾客在不同的品种、质量、价格之间进行比较、挑选。

陈列茶品时，还应适当结合使用以下技巧：

第一，左右结合，吸引顾客，是茶品摆放的一个技巧。

一般来说，顾客进入商场后，眼睛会不由自主地先看向左侧，然后转右。这是因为人们看东西习惯于从左至右，即印象性地看左边的东西，安定性地看右边的东西。在国外已有许多商场注意到这个特点，并利用这一习惯，将引人注目的商品摆放在商场左侧，吸引顾客的目光，迫使顾客停留，促使商品销售成功。茶馆经营者可充分利用这一特征，借茶品摆放的不同位置，给顾客以不同效应，最大限度地吸引顾客的注意力，促成其消费。

茶馆经营与管理

第二，相对固定，定期变动，也是茶品摆放的诀窍。

从顾客的角度讲，大多喜欢茶品摆放的位置相对固定，这样可减少寻找茶品的时间，提高购物效率。针对这个心理特点，店长不妨将茶品放在固定位置，方便顾客选购。但长此以往，又易于失去顾客对其他物品的注意，且产生一种店面陈列陈旧呆板的感觉。因而也可在茶品摆放一段时间后，调整货架上的货物，使顾客在重新寻找所需茶品时，受到其他茶品的吸引，同时对店面的变化产生耳目一新的感觉。当然，应适当把握调整的惊讶，以免因变化过于频繁，而导致顾客的反感，认为茶企店面缺乏科学化的安排，混乱不堪，继而产生烦躁不安的心理。所以，茶品位置的固定与变动应是相对的、适当的。

除以上述及的各个方面外，茶品的陈列还应做好以下几点细节：

一是分好类别与档次。不同的消费者有不同的需求，如果茶品陈列时能明确好分类，让顾客更好地查找与选择，效果自然不错。各类茶叶及其周边商品一定要合理陈列，做好分类（如花茶区、绿茶区、红茶区、保健茶区、极品茶区、茶具区等），并区分其档次，使消费者一目了然。只要根据经营点的整体环境，做好整体布局，将茶叶、茶具等与店内店外的环境结合起来，使陈列的商品协调一致，井然有序，繁多而不乱，构成一幅赏心悦目、心旷神怡的立体画面，就能给顾客一种流连忘返的感觉。

二是有简单的介绍。并不是所有人都是懂茶，就算是懂茶的专业人士对于加盟店中的个性化茶品也并不会那么精通，因此茶叶店经营者最好在各个区内都放上茶品的简介（产地、品位、特点等）。

三是要多方面联动。在经营面积足够或有余的情况下，茶叶店经营者可以考虑与茶点、茶具、花道、香道等联动，将品茶、茶店、茶艺连为一体，打造一家别致的茶店甚至是茶馆。

总之，茶品陈列的优劣将直接影响消费者对茶叶店的感觉。出色的茶品陈列能给人以专业、有质感、井井有条的感觉，能引起消费者的好感并促使他们逗留时间的延长，甚至促成消费。

【活动设计】

溢香茶坊经营的茶品包含了六大茶类，还有各类养生茶。茶坊会根据每个季节的进货情况，调整相应的销售策略，定期推出主题茶会，营造良好的茶文化氛围。同时，店内也不断研制、推出养生茶品。已掌握茶品布置相关规律的店长小洪定期组织茶师团队，对茶坊陈列区的茶品进行更新。每天，茶师们还要根据销售情况向仓库领用茶品，并按客人的消费要求与订单要求包装茶品。

第一章 实体店日常运营

学生的学习活动即根据上述情境模拟进行。

一、活动组织

　　①将学生分成5人/组，一个为店长，其他为茶师。

　　②每组分别进行茶品陈列练习。

　　③小组进行演示时，指定其中一个小组为检测员。

　　④进行总结，选出表现最优的小组进行演示。

二、安全与注意事项

　　①注意仪容仪表。

　　②要把陈列茶品的效果与店面的最新营销策略结合起来。

　　③做好协调工作，记录特殊情况。

　　④注意用电、用水安全。

三、活动实施（见表1：茶品陈列活动说明表）

四、活动评价（见表2：茶品陈列活动检测表）

【体验营】

一、如何让你的茶品陈列更有效？

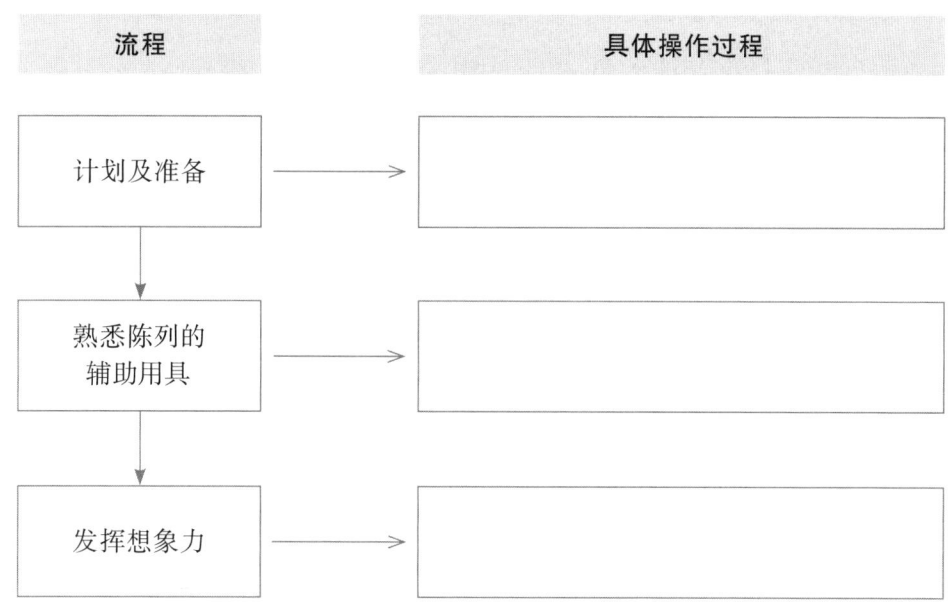

茶馆经营与管理

二、调研并思考问题。

运用已经学到的茶品陈列知识进行实地调研,对陈列方式进行拍照,开展任务体验。将对茶品陈列方式的实地调查结果,分别以文字与照片的形式列入下列栏目,并思考、回答下述问题。

门店名称	地址	陈列方法1	陈列方法2	陈列方法3	陈列方法4

(一)通过调查与归纳,请说出陈列茶品还有哪些注意事项?

1.有效运用隔板,以固定茶品的位置,防止茶品缺货而不察,维持展架的整齐度。

2.画面朝外的立体陈列,可以使顾客容易看到茶品。

3.标价牌的张贴位置应该一致,并且要防止脱落。若有特价活动,应以pop(商业销售过程中的一种店面促销工具,形式不限,但基本以摆在店头的展示物品为主,如吊牌、海报、旗帜等)或特殊价牌标示。

4.茶品的陈列应由小到大,由左而右,由浅而深,由上而下。

5.货架应分段,具体陈列如下:

① 上层:陈列有代表性、有"感觉"的茶品,如分类中的知名茶品。

② 黄金层:陈列有特色、高利润的茶品。

③ 中层:陈列销售量稳定的茶品。

④ 下层:陈列较重的茶品,以及周转率高、体积大的茶品。

6.陈列时应注意集中焦点,即利用照明、色彩和装饰,来制造气氛,吸引顾客的视线。

7.注意季节性茶品的陈列。

(二)为吸引顾客眼球,应如何进行表演性陈列?

茶品的陈列依据着眼点不同,可以分为"表演性"和"易卖性"两类。虽然和茶品贩售没有直接关系,但花饰、绿树、绘画、灯光等的助阵,将提高店内整体气氛和品位,所以也可视为陈列的一部分。

所谓"表演性"陈列,指利用茶品及其周边物品,甚至是小工具,作视觉性设计,以刺激顾客"要"的欲望,从而忍不住掏腰包购买的手段。若以专业术语来讲,就是"视觉性茶品供应计划"。表演性陈列应注意以下原则:

1.使用基本陈列技巧。表演必须靠精湛的演技才能博得满堂彩。以下为几种表演性陈列的基本技巧:

第一章 实体店日常运营

① 造型:将搭配好的茶品摆在显眼的位置。

② 整合:将同一茶品或相关产品作归纳整理,打造整体印象。

③ 色彩搭配:借由颜色的协调和印象来设计。

④ 效果:将茶品与相关茶品组合,配合有关布景,制造特殊效果。

2. 协调的展示。在考虑如何取得茶品排列的协调性时,绝对不能忘记"三角构成"的原则。假设以直线连接各陈列茶品的重心,形成一个三角形,则可得出四种三角构成方式:

① 正三角形:格调高,协调性也高。

② 等腰三角形:左右对称,顶点的内角若为钝角,有柔和感;若为锐角,则有犀利的感觉。

③ 不等边三角形:左右不对称,像流水般,能缓和气氛。

④ 三角复合体:大小不同的三角形组合。

利用"三角构成"方式陈列茶品时,不能只注重三角联结,应该同时考虑其高度和纵深,以免呈现不出立体感。

另外,还有很多种方式可以实现陈列的协调性,像左右对称构成、重复构成(同样模式不断重复)等。

3. 布置主题茶席。橱窗是将店家特色、风格、在卖什么茶品的信息,用有主题、季节感十足的手法告知顾客的重要据点。因此在主要的陈列桌或陈列柜上,可以布置主题茶席,将茶具、茶叶有主题地进行展示,让顾客产生购买欲。其他的重点部位则安排单品直接陈列——为了制造"便宜""热闹"的印象,可大量堆放同一种茶品。

在做表演性陈列时,要经常做有距离检查,看看排列和色彩是否平衡协调,是否需要适当调整。

表1：茶品陈列活动说明表

序号	步骤	操作及说明	标准
1	选择茶品陈列的方法	①小组代表抽签。 ②确定陈列的方式。	①抽签。 ②明确陈列的标准。
2	选用茶品及物品	①根据陈列要求，选用茶品。 ②根据营销策略，选择物品。 ③设计陈列图。	①茶品与陈列要求相符。 ②辅助用品能突出陈列效果。 ③图表清晰。
3	布置陈列区	①根据陈列图分工。 ②布置茶品及辅助用品。 ③拍摄效果图。	①分工明确。 ②茶品的位置适合。 ③辅助用品的作用突出。
4	结束陈列	清洁陈列区。	干净、整洁。

表2：茶品陈列活动检测表

茶艺师：　　　　　　　　　　　　　　班级：

序号	举证内容	举证标准	评判结果 是	评判结果 否
1	选择茶品陈列的方法	①抽签。		
		②明确陈列的标准。		
2	选用茶品及物品	①茶品与陈列要求相符。		
		②辅助用品能突出陈列效果。		
		③图表清晰。		
3	布置陈列区	①分工明确。		
		②茶品位置适合。		
		③辅助用品作用突出。		
4	结束陈列	干净、整洁。		

检查人：　　　　　　　　　　　　　　时间：

第一章 实体店日常运营

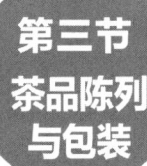

02 能定期选择与提升茶品的包装

【学习目标】

1. 能描述茶品包装的方法。
2. 能根据茶品的特点及销售策略，选用茶品的包装。

【核心概念】

茶品包装：包装是茶在被购买、销售、存储流通领域中保证质量的关键。一个精美别致的茶品包装，不仅能给人以美的享受，还能直接刺激消费者的购买欲望，从而达到促进销售的目的。

【基础知识】

茶叶包装是指根据客户的需求对茶叶进行包装。它可以实现提高茶叶品牌知名度，增加产品附加值的目的，并促进茶叶商品销售。如今，茶叶包装已经成为中国茶叶产业的重要环节。

由于受到自身和客观条件的限制，茶叶的包装有别于其他一般性商品的包装，它一般可分为两大类，即大包装和小包装。大包装也称运输包装，主要是为了便于运输装卸和仓储，一般用木箱和瓦楞纸箱，也有采用锡桶或白铁桶的；小包装也称零售包装和销售包装，它既能保护茶叶品质，又有一定的观赏价值，便于宣传、陈列、展销，且携带方便。小包装的种类很多，根据制作材料的不同，可分为硬包装、半硬包装和软包装三类。如硬包装有铁罐、锡罐、瓷瓶、玻璃瓶及工艺小木盒、小竹盒、工艺刻花镀金盒等，半硬包装有各种硬纸盒，软包装有纸袋、塑料食品袋和各种复合袋等。设计师可以根据不同的需求，选用适当的材料进行包装设计。具体而言，茶叶包装的常见类别有以下6种：

1. 纸盒包装（见第Ⅵ页图①）。纸盒是用白板纸、灰板纸等经印刷后成型的包装材料，具有不易破损、遮光性能极好的特点。但纸盒包装的缺点是易受潮、茶叶香气易挥发并受外界异味的影响，为解决这些问题，一般都用聚乙烯塑料袋包装茶叶再装入纸盒，或使用纸塑复合包装盒。后者是一种采用内层为塑料薄膜层或涂有防潮涂料的纸板为材料的包装盒，既具有复合薄膜袋包装的功能，又具有纸盒包装所具有的保护性、刚性等性能。若在里面叠加使用以塑料袋制成的小包装袋，则防护效果更好。

2. 复合薄膜袋包装（见第Ⅵ页图②）。塑料复合薄膜具有质轻、不易破损、热封性好、价格适宜等许多优点，在包装上被广泛应用。用于茶叶包装的复合薄膜具有优良的阻气性、防潮性、保香性，可很好地防异味。由于多数塑料薄膜均具有80%～90%的光线透射率，可在包装材料中加入紫外线抑制或者通过印刷、着色来减少光线透射率。

另外，可采用以铝箔或真空镀铝膜为基础材料的复合材料进行遮光包装。铝箔复合包装袋用金属铝压制而成，阻隔性能佳。复合塑料薄膜实用性很强，基本能达到茶叶的保香要求，且其包装形式多种多样，有三面封口形、自立袋形、折叠形等。由于复合薄膜袋还具有良好的印刷性，用其做销售包装设计，对吸引顾客、促进茶叶销售更具有独特的效果。

3. 铁盒包装（见第Ⅵ页图③）。铁盒可以防止茶叶在某些情况下受潮，也是比较受欢迎的一种茶叶盒。

4. 金属罐包装（见第Ⅵ页图④）。金属罐包装的防破损、防潮、密封性能十分优异，是茶叶比较理想的包装。这种金属罐一般用镀锡薄钢板制成，罐身为方形或圆筒形，有单层盖和双层盖两种。从包装技术处理上来分，则有一般罐和密封罐两种。一般罐可采用封入脱氧剂包装法，以除去包装内的氧气。密封罐多采用充气、真空包装。金属罐对茶叶的防护性优于复合薄膜，且外表美观、高贵，适合于高档茶叶的包装，其缺点是包装成本高，包装与商品的重量比高，增加运输费用。

5. 纸袋包装（见第Ⅵ页图⑤）。这种包装以薄滤纸为材料，用这种方式包装的茶叶又称为袋泡茶，使用时通常连纸袋一起放入茶具内。用滤纸袋包装的目的主要是为了提高浸出率，同时使茶厂的茶末得到充分利用。由于袋泡茶有冲泡快速、可混饮、清洁卫生、用量标准、排渣方便、携带方便等优点，能适应现代人快节奏的生活需要，在国际市场上很受青睐。

6. 塑料包装（见第Ⅵ页图⑥）。聚乙烯、聚丙烯、聚氯乙烯等塑料成型容器有着美观大方、包装陈列效果好的特点，但因密封性能较差，在茶叶包装中多作为外包装使用，其内则多用复合薄膜塑料袋封装。

第一章 实体店日常运营

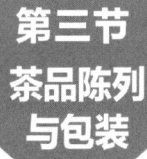
第三节 茶品陈列与包装

02 能定期选择与提升茶品的包装

【学习目标】
1. 能描述茶品包装的方法。
2. 能根据茶品的特点及销售策略，选用茶品的包装。

【核心概念】
　　茶品包装：包装是茶在被购买、销售、存储流通领域中保证质量的关键。一个精美别致的茶品包装，不仅能给人以美的享受，还能直接刺激消费者的购买欲望，从而达到促进销售的目的。

【基础知识】
　　茶叶包装是指根据客户的需求对茶叶进行包装。它可以实现提高茶叶品牌知名度，增加产品附加值的目的，并促进茶叶商品销售。如今，茶叶包装已经成为中国茶叶产业的重要环节。
　　由于受到自身和客观条件的限制，茶叶的包装有别于其他一般性商品的包装，它一般可分为两大类，即大包装和小包装。大包装也称运输包装，主要是为了便于运输装卸和仓储，一般用木箱和瓦楞纸箱，也有采用锡桶或白铁桶的；小包装也称零售包装和销售包装，它既能保护茶叶品质，又有一定的观赏价值，便于宣传、陈列、展销，且携带方便。小包装的种类很多，根据制作材料的不同，可分为硬包装、半硬包装和软包装三类。如硬包装有铁罐、锡罐、瓷瓶、玻璃瓶及工艺小木盒、小竹盒、工艺刻花镀金盒等，半硬包装有各种硬纸盒，软包装有纸袋、塑料食品袋和各种复合袋等。设计师可以根据不同的需求，选用适当的材料进行包装设计。具体而言，茶叶包装的常见类别有以下6种：

1. 纸盒包装（见第Ⅵ页图①）。纸盒是用白板纸、灰板纸等经印刷后成型的包装材料，具有不易破损、遮光性能极好的特点。但纸盒包装的缺点是易受潮、茶叶香气易挥发并受外界异味的影响，为解决这些问题，一般都用聚乙烯塑料袋包装茶叶再装入纸盒，或使用纸塑复合包装盒。后者是一种采用内层为塑料薄膜层或涂有防潮涂料的纸板为材料的包装盒，既具有复合薄膜袋包装的功能，又具有纸盒包装所具有的保护性、刚性等性能。若在里面叠加使用以塑料袋制成的小包装袋，则防护效果更好。

2. 复合薄膜袋包装（见第Ⅵ页图②）。塑料复合薄膜具有质轻、不易破损、热封性好、价格适宜等许多优点，在包装上被广泛应用。用于茶叶包装的复合薄膜具有优良的阻气性、防潮性、保香性，可很好地防异味。由于多数塑料薄膜均具有80%～90%的光线透射率，可在包装材料中加入紫外线抑制或者通过印刷、着色来减少光线透射率。

另外，可采用以铝箔或真空镀铝膜为基础材料的复合材料进行遮光包装。铝箔复合包装袋用金属铝压制而成，阻隔性能佳。复合塑料薄膜实用性很强，基本能达到茶叶的保香要求，且其包装形式多种多样，有三面封口形、自立袋形、折叠形等。由于复合薄膜袋还具有良好的印刷性，用其做销售包装设计，对吸引顾客、促进茶叶销售更具有独特的效果。

3. 铁盒包装（见第Ⅵ页图③）。铁盒可以防止茶叶在某些情况下受潮，也是比较受欢迎的一种茶叶盒。

4. 金属罐包装（见第Ⅵ页图④）。金属罐包装的防破损、防潮、密封性能十分优异，是茶叶比较理想的包装。这种金属罐一般用镀锡薄钢板制成，罐身为方形或圆筒形，有单层盖和双层盖两种。从包装技术处理上来分，则有一般罐和密封罐两种。一般罐可采用封入脱氧剂包装法，以除去包装内的氧气。密封罐多采用充气、真空包装。金属罐对茶叶的防护性优于复合薄膜，且外表美观、高贵，适合于高档茶叶的包装，其缺点是包装成本高，包装与商品的重量比高，增加运输费用。

5. 纸袋包装（见第Ⅵ页图⑤）。这种包装以薄滤纸为材料，用这种方式包装的茶叶又称为袋泡茶，使用时通常连纸袋一起放入茶具内。用滤纸袋包装的目的主要是为了提高浸出率，同时使茶厂的茶末得到充分利用。由于袋泡茶有冲泡快速、可混饮、清洁卫生、用量标准、排渣方便、携带方便等优点，能适应现代人快节奏的生活需要，在国际市场上很受青睐。

6. 塑料包装（见第Ⅵ页图⑥）。聚乙烯、聚丙烯、聚氯乙烯等塑料成型容器有着美观大方、包装陈列效果好的特点，但因密封性能较差，在茶叶包装中多作为外包装使用，其内则多用复合薄膜塑料袋封装。

第一章 实体店日常运营

好的茶叶包装有收藏价值，也可作为复用包装再次使用，既节约资源，又能弘扬茶文化。一个好的茶品包装设计，首先要关注包装最本质的功用，即如何才能保持茶叶的质量使其不变质。只有充分了解茶的特性及造成茶叶变质的因素，才能选择适当的材料加以合理运用，做到尽善尽美。受茶叶这种特殊商品的属性所决定，茶品包装一般宜选用结构精密、便于开启的材料来制作。尤其是对纯天然、无污染的绿色食品，在做茶品包装设计时，更要加强环保意识，符合人们回归自然的需求。

茶叶的特性是由其理化成分、品质所决定的，如吸湿性、氧化性、吸附性、易碎性、易变性等。所以，在设计茶品包装时，要根据以上特性，选择具有良好的防潮、阻氧、避光和祛异味，且有一定抗拉伸强度的复合材料。目前市场上使用较好的复合材料通称铝铂复合膜（见第Ⅵ页图⑦），是日常茶叶小包装中防潮、阻氧、保香性能最好的一种。

随着包装工业的发展和现代高科技的结合运用，越来越多新型包装涌现，新颖别致的茶叶包装也不断出现，但有些看似高档，却存在着过分包装的倾向；有些则脱离了商品的属性，盲目地追求装饰的华丽，色彩浮躁，与茶叶本身的特点及质量不相符，如那种表面刻花镀金的茶叶包装，从外表上看不出商品所要传递的任何信息，令人感觉更像是一种工艺品，而非茶叶。因此，除了选用合适的材料，茶品包装的设计还应注意：

1. 选择色彩应注重色彩和整体风格的统一（见第Ⅶ页图①）。色彩是包装设计中最能吸引顾客的元素，既有其自身的属性，也受商品属性的制约。所以用色要慎重，要力求少而精，简洁明快，或清新淡雅，或华丽动人，或质朴自然，总之，既要考虑到消费者的习俗和欣赏习惯，也要根据商品的档次、场合、品种、特性而选用不同的色彩。当然，不能用色过多，以致形成不了调子，也不能到处用金、银，给人以华而不实之感。

2. 图案设计上应赋予传统图案以时代感。目前有些茶品包装上的图案陈旧、重复、没有个性，龙凤等纹样到处乱用，导致茶品的商品属性不强，也缺乏时代感。应该明白，传统应是一种风格，是一种时尚，它不是简单的复古，更不是照搬，民族性不是画条龙或凤就能代表的，应赋予它新的内容、新的生命、新的形式，用现代的手法把传统的纹样进行变形，注入精神与气韵，使之更具有现代味，更符号化，更简洁。也就是说，真正"传统"的包装能给人一种有文化、有内涵、超凡脱俗之感，这和茶的属性也是相符合的。

3. 设计时应考虑与同类产品的比较。只有对同类产品进行调查分析研究，取长补短，才能设计出可在众多商品中脱颖而出的、有竞争力的包装来。

包装美不美对商品销售的影响是十分明显的。美国杜邦化学公司曾经在市场调查中得出这样的结论："63%的消费者根据商品的包装或装潢来决定是否购买。"这个观点在国外被称为"杜邦定律"。商品包装的改进除了图案设计美观新颖和包装装潢艺术精致高雅外，还可采取以下策略：

1. 小包装（见第Ⅶ页图②）。小包装是方便购买及照顾多层次需求的包装策略，适用于日常消费的各种茶品。

2. 软包装（见第Ⅶ页图③）。软包装是当今取代铁质和玻璃瓶装的包装策略。

3. 多用途包装（见第Ⅶ页图④）。如一些装有茶品的玻璃包装，待茶叶冲泡后可继续充当水杯使用，达到一物两用或多用途包装。

4. 系列包装（见第Ⅶ页图⑤）。将数种与茶品相关的商品置于同一包装容器中，如系列茶品、书画等组合一起包装，提升产品的文化内涵。

5. 透明包装（见第Ⅶ页图⑥）。这是一种新的包装发展趋势，即茶品包装上有一处或多处是透明的，甚至是全透明的，以便消费者能对包装内的商品一目了然。

【活动设计】

溢香茶坊经营的茶品包含了六大茶类，还有各类养生茶。茶坊会根据每个季节的进货情况，调整相应的销售策略，定期推出主题茶会，营造良好的茶文化氛围。同时，店内也不断研制、推出养生茶品。已掌握茶品布置相关规律的店长小洪定期组织茶师团队，对茶坊陈列区的茶品进行更新。每天，茶师们还要根据销售情况向仓库领用茶品，并按客人的消费要求与订单要求包装茶品。

学生的学习活动即根据上述情境模拟进行。

一、活动组织

①将学生分成5人/组，一个为店长，其他为茶师。

②每组分别进行茶品包装介绍与操作。

③小组进行演示时，指定其中一个小组为检测员。

④进行茶品包装的总结，选出表现最优的小组进行演示。

二、安全与注意事项

①注意仪容仪表。

②及时对店面的最新营销策略进行解释。

③做好协调工作，记录特殊情况。

④提醒宾客注意用电、用水安全。

三、活动实施（见表1：茶品包装活动说明表）

四、活动反馈（见表2：茶品包装活动检测表）

第一章 实体店日常运营

【体验营】
运用已经学到的茶品包装知识,通过网络或实地调研,收集茶品的包装方式或进行拍照,完成下列表格。

序号	门店名称	茶品	包装方法	照片	文字描述	优/缺点

表1:茶品包装活动说明表

序号	步骤	操作及说明	标准
1	包装设计	①讲述包装设计的要求。 ②介绍包装色彩。	①语言清晰、明确。 ②色彩介绍完整。
2	包装方法	①展示纸盒包装。 ②展示复合薄膜袋包装。 ③展示铁盒包装。 ④展示金属罐包装。 ⑤展示纸袋包装。 ⑥展示塑料包装。	①展示手法先进。 ②有实物展示介绍。

表2:茶品包装活动检测表

茶艺师:　　　　　　　　　　　班级:

序号	举证内容	举证标准	评判结果 是	评判结果 否
1	包装设计	①讲述包装设计的要求。		
		②介绍包装色彩。		
2	包装方法	①展示纸盒包装。		
		②展示复合薄膜袋包装。		
		③展示铁盒包装。		
		④展示金属罐包装。		
		⑤展示纸袋包装。		
		⑥展示塑料包装。		

检查人:　　　　　　　　　　　时间:

第四节 顾客服务及事件处理

01 能处理顾客投诉事件

【学习目标】
1. 能描述处理顾客投诉的方法。
2. 能描述处理顾客投诉的程序。
3. 能根据顾客投诉的类型,采用处理投诉的措施,合理处理投诉。

【核心概念】
服务管理:茶馆服务是在茶品销售过程中为顾客提供的各种劳务活动,不仅是茶艺师接待顾客时所提供的服务,而且包括为方便顾客而提供的各种劳务活动。茶馆所提供的服务概括为有形服务和无形服务两大类,服务管理则包括了顾客投诉处理、顾客服务质量评价。

顾客投诉:是指顾客因对企业产品质量或服务不满意而提出的书面或口头上的异议、抗议、索赔和要求解决问题等行为。

【基础知识】

茶馆的服务管理包括了顾客投诉处理、顾客服务质量评价。从本质上说,茶馆是给顾客提供服务的企业,其服务应贯穿于顾客消费茶品与茶艺服务的全过程,即购买前、购买中和购买后。良好的服务不仅能给顾客留下好的印象,也能给企业(茶馆)带来良好的收益和稳固的顾客群体。同时,优质的服务也是提高知名度和茶品附加值的有效方法。所以,从某种意义上说,茶馆的服务管理其实就是质量管理,提供规范化、标准化、高质量的服务是茶馆的一项基本任务。茶馆应对服务进行恰当定位,对所提供的服务项目、服务

第一章 实体店日常运营

水准进行考量（见第Ⅷ页图①）。

一、顾客服务质量评价

服务质量和服务水平是茶馆招揽消费者和提高美誉度的最好手段之一，然而几乎每次消费者调查的结果都显示，茶馆最需要改进的地方就是服务。在一些茶馆，服务甚至已经成为一块"软肋"，成为制约企业良性发展的一大瓶颈。随着经济的发展，各茶馆在硬件方面的差异越来越小，因此，消费者对茶馆提供的商品和服务的要求也就越来越高，任何一家茶馆要在市场中脱颖而出，都必须强化自己的经营特色与优势，突显自己在顾客服务方面与竞争对手的差异，从而赢得更多顾客。可以说，在经营茶品的同质化倾向日益明显、市场竞争日趋激烈的今天，服务已经成为各家茶馆生存和发展的生命线。

（一）顾客服务类型

从不同的角度划分，顾客服务可分别划分为以下几种类型。

第一，按销售过程，可分为以下三种：

● 售前服务：指茶品出售前所进行的各种服务工作，目的是向消费者传递商品信息，从而激发消费者的购买欲望。这一阶段的服务包括茶品信息的提供、茶品的陈列摆放、购物气氛的营造等（见第Ⅷ页图②）。

● 售中服务：指服务人员在销售过程中为消费者所提供的各种服务，如接待顾客、茶品介绍、帮助挑选、收银服务、包装茶品等（见第Ⅷ页图③）。

● 售后服务：指茶品出售后继续为顾客提供的外延服务，目的是使消费者对茶馆感到放心满意，打消购买时产生的顾虑，树立卖场良好的服务形象。售后服务包括退还茶品、送货等。

第二，按投入的资源，可分为以下三种：

● 物质服务：指通过提供一定的设备、设施为消费者提供的服务，如提供电梯、化妆间、查询机、寄存处、购物车、停车场等设备、设施。

● 人员服务：指导购、咨询、收银、送货、安装维修等服务人员提供的各种服务。茶馆服务人员与顾客面对面接触，其形象和素质往往对企业的形象有直接影响。

● 信息服务：指向消费者传递与所提供的商品相关的信息，主要通过pop广告、媒体广告、新闻宣传、商品目录等形式提供。

（二）顾客服务项目

茶馆服务是在茶品销售过程中，茶馆为顾客提供的各种劳务活动。这些服务大致可概括为有形服务和无形服务两大类。具体来说，它是由以下内容构成的：茶事服务；茶艺表演服务；收银服务。

茶馆经营与管理

1. 茶事服务

茶艺师在服务过程中，应按照标准的程序进行服务，这样既能减少服务过程中出现的问题，也能提高服务的质量与效率。茶艺师为宾客提供茶事服务，以其工作热情和责任感，使宾客感受到茶艺从业人员努力钻研业务、热情待客、提高服务质量的职业精神，让宾客感受人们常说的"茶品即人品，人品即茶品"。

具体而言，茶事服务的基本流程包括以下步骤：

① 接受任务，做好准备（见第Ⅸ页图①）。
- 做好茶艺馆的卫生工作，保证环境舒适，桌椅整齐。
- 根据接待宾客的人数及重要性备好开水、茶具、茶叶及其他用具。
- 在客人到达前做好仪容仪表的准备。

② 门口迎宾（见第Ⅸ页图②）。
- 茶艺员应在茶艺馆门口微笑迎宾，使用礼貌用语表示欢迎。
- 向客人询问用茶人数、预订等情况。
- 指引客人到正确位置。
- 耐心解答客人有关茶品、茶点以及服务、设施等方面的询问。

③ 介绍茶类，为宾客下茶单（见第Ⅸ页图③）。
- 茶艺员应热情招呼，并根据客人需要安排座位，主动协助客人放好携带物品。
- 确定宾客人数后，茶艺员应及时送上毛巾，递上茶单，根据客人需要介绍茶品。
- 茶艺员应向客人详细推介茶艺馆的特色茶品，引导客人消费。

④ 备好茶器，为宾客泡茶（见第Ⅸ页图④）。
- 根据茶单，准备好泡茶用具。
- 上茶时，走到客人座位右边，茶盘位于宾客身后，右脚向前一步，右手端杯子中端（如果是盖碗杯，应端杯托），从主客开始，按顺时针方向，将杯子轻轻地放在宾客的正前方，并报上茶名。

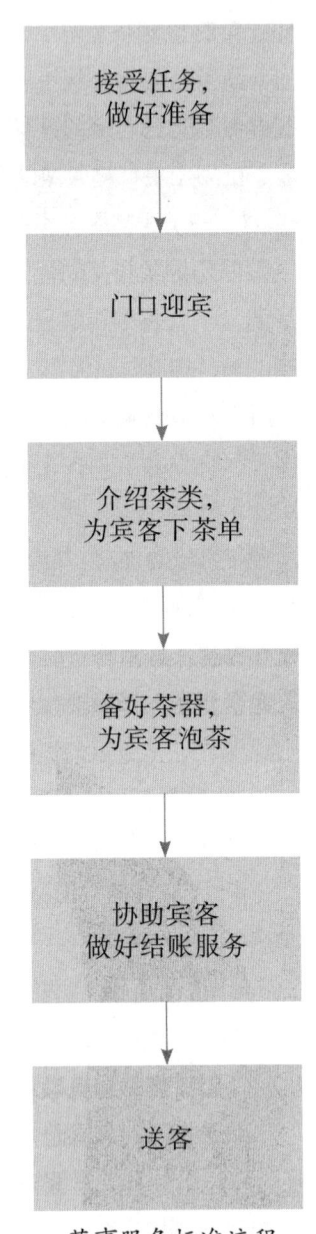

茶事服务标准流程

第一章 实体店日常运营

- 请客人先闻茶香,并为客人将每杯茶冲至七分满,并说:"请用茶。"
- 茶艺员应关注宾客用茶的情况,当杯中的茶量在1/2时,就应及时添水。
- 茶艺员应保持桌面清洁,及时擦干桌面上的水渍。

⑤ 协助宾客做好结账服务(见第Ⅸ页图⑤)。

- 核对账单,以随时配合客人的结账要求。
- 结账时,茶艺员双手将账单呈给客人。
- 让客人确定消费金额,客人付费后应致谢。如有找零,应将零钱和发票夹在账单内交给客人,并再次致谢。

⑥ 送客(见第Ⅸ页图⑥)。

- 为宾客轻轻拉开椅子,致语"谢谢光临""欢迎再次光临""请走好""请慢走,再见"等,并提醒宾客不要忘记所带物品。
- 送客时,茶艺员应让宾客走在前面,自己走在后面,并主动拉门道别,再次表示感谢。

2. 茶艺表演服务

茶艺表演是在茶艺的基础上产生的,它是通过各种茶叶冲泡技艺的形象演示,科学地、生活化地、艺术地展示泡饮过程,帮助人们在精心营造的优雅氛围中,获得美的享受与熏陶。

茶艺表演(见第Ⅹ页图)是以一般的茶艺表演程序为基础,根据所泡茶叶的品质特征以及所要表达的主题进行变化的。茶艺表演的一般程序如下:

① 姿态准备。茶艺员的姿态准备,重点是头要正,下颌微收,神情自然;胸背挺直不弯腰,沉肩垂肘两腋空,脚平放,不跷腿,女士不要叉开双腿。

② 茶具准备。茶艺员选择好配套的茶具,并根据茶席设计的要求布置好茶桌。

③ 温具。茶艺员用开水温烫茶具,既可对茶具进行清洁,也可提高茶具的温度,对茶叶的开香有一定帮助。温具

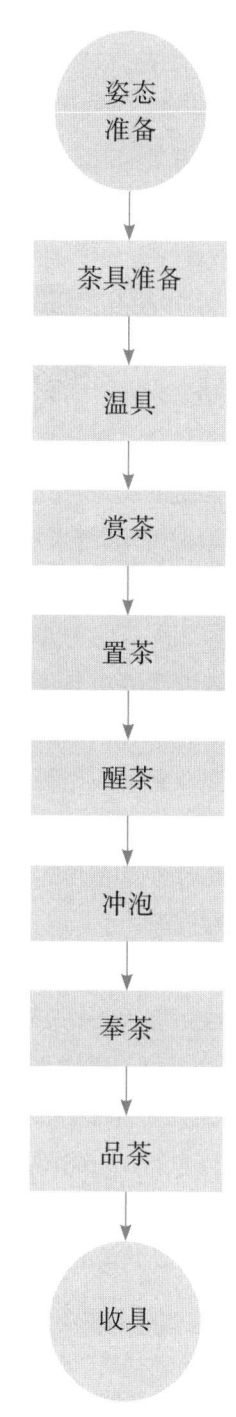

茶艺表演标准流程

后的水倒入茶船或废水皿中。

④ 赏茶。茶艺员用茶则盛出茶叶倒入茶荷，请客人观赏。评茶一定要先看干茶，通过茶叶的形状、香气、色泽，初步判定茶叶的等级。

⑤ 置茶。茶艺员用茶匙将茶叶拨入主泡器中，投放量为3~5克。

⑥ 醒茶。头泡茶一般只作为醒茶用，不饮用。如果是上等级的绿茶，可以不进行醒茶。

⑦ 冲泡。茶艺员采用凤凰三点头（高冲低斟反复三次）的方法，将开水冲入主泡器中，水量为主泡器的约七分满。

⑧ 奉茶。茶艺员用双手端起玻璃杯，置于胸前，面带微笑将茶奉给客人。

⑨ 品茶。茶艺员介绍品茶的方法：先闻香，后赏茶观色，然后细细品啜。

⑩ 收具。茶艺员将所用茶具收拾好，清洁茶台，洗净茶具。

3. 收银服务

收银服务意味着为宾客提供的茶事服务接近尾声，但并不意味着服务工作可以有所放松，相反，这一环节是宾客对茶事服务是否满意的最终决定因素。因此，作为茶师，一定要按照收银的规范程序及时、准确地为客人结账。碰到客人有疑问时，要耐心解释直至客人释疑为止。无论是茶艺馆大厅还是独立茶室的客人，一般都由茶艺师代为结账。收银服务标准流程如下：

① 核对茶单，做好随时结账准备。

在顾客用茶完毕结账前，茶艺师应做好账单的核对确认工作，以随时配合顾客结账的要求。

② 询问结账方式，复述茶单，再次核对品饮清单和账目。

当客人示意要求结账时，茶艺师应礼貌询问结账方式，确认买单的顾客，并走到对方身边，身体前倾，与客人距离适当（约45厘米），声音稍低但清晰、准确地报出客人的消费金额，即"唱价"，并双手将账单递给顾客，让顾客看清楚消费金额。当客人对账单有疑问时，茶艺师应耐心细致地跟客人解释，必要时可逐一核对品饮的茶品和享用的茶点，及其价格等，直至客人没有疑问为止。

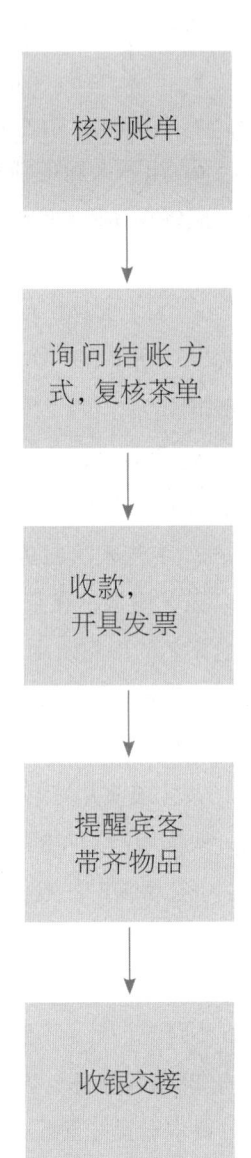

收银服务标准流程

第一章 实体店日常运营

③ 协助收款,询问是否开具发票。

茶艺师按照客人提供的付款方式协助结账。如果客人支付的是现金,茶艺师应"唱收"。如客人提供了折扣券、面值券等,茶艺师应将使用的范围和限额等清楚告知对方。收款时应确认金额及数量正确,如有错误立即退还给客人。如果是已经入账后才发现错误,则必须交总经理确认错单后签字作废。

当收齐了款项后,应询问客人是否开具发票。按相关规定和消费金额开具发票后,应把发票、零钱等一齐放入收银夹内递给客人,并"唱找"致谢:"这是发票和找您的零钱,请收好。"茶艺师还可在此时礼貌询问客人:"先生/小姐,请问您对我们的茶品、茶点和服务有什么意见和建议?请您把意见留给我们,我们将及时改进,希望您下次来时我们会让您更加满意。谢谢您的宝贵意见!"

④ 提醒客人将未消费的茶品带走。

如果客人点的茶品未品饮完,茶艺师应提醒客人将未用完的茶叶罐带走。如果是会员,提醒客人可以将茶叶存放在本茶馆内。

⑤ 收银交接及其他。

一些规模不大的茶艺馆里,茶艺师往往同时兼任收银员。在这种情况下,下班时,茶艺师也应做好以下收银交接工作:

- 检查各种用品和表格单据,检查发票、有价证券、押金单据等其他单据是否连号,作废单等是否有总经理的签名。
- 完成本班的入账事项,并将相关表格和单据进行归档。
- 核对系统账务与实际是否一致,把本班次营业款及各类单据上交财务,清点零钱并将备用金移交下一班。
- 配合领班做好销售物品及茶品的清点工作。
- 在交接本上填写交接事项,包括:预定情况,未结账的台号、茶室,特殊折扣的客人,或者客人的特殊要求、意见或投诉等。

前台收银处是客人离开茶艺馆前接触的最后一个部门,有可能客人会在结账时顺便投诉其对茶品、茶点或茶艺服务的不满。虽然这些问题并非由收银人员所造成,但这种时候最忌推诿或指责造成困难的部门或个人,"事不关己,高高挂起"也是不可取的,它不但不能弥补过失,反而会让客人怀疑整个茶艺馆的管理,从而加深客人的不信任程度。所以,收银员最佳的应对方式应该是:沉着冷静地发挥中介功能,向其他个人或部门讲明情况,请求帮助。在问题解决之后,应再次征求客人意见,这时客人往往会被收银员的热情帮助感化,从而改变最初的不良印象,甚至会建立亲密和相互信任的客我关系。

二、顾客投诉处理

所谓顾客投诉，是指顾客因对企业产品质量或服务不满意，而提出的书面或口头上的异议、抗议、索赔和要求解决问题等行为。如何处理好顾客投诉是茶馆经营管理中的重要内容，处理得当，则矛盾得以化解，茶馆信誉和顾客利益得到维护；反之，则往往容易演变成茶馆经营的危机。

从某种意义上说，顾客投诉其实是茶馆的重要财富，是服务水准提升的重要契机，投诉应对流程其实就是为顾客创造价值的过程。正对对待和处理顾客的投诉，化不利因素为有利因素，可以改进客户服务质量，并与顾客形成长期合作的良好关系。

茶馆经营中，不仅要吸引顾客，更要留住顾客。无论处理什么样的投诉，都必须要研究顾客的思维模式，并按照一定的原则寻求解决问题的方法（见第Ⅷ页图④）。

（一）处理顾客投诉应遵循的原则

- 坚持正确的服务理念。全体茶馆员工都要树立全心全意为顾客服务的心理与思想，确定"顾客永远是正确的"的观念，并不断地提高自身素质和业务能力。投诉处理人员面对愤怒的顾客时，一定要注意克制自己，避免感情用事，始终牢记自己代表的是茶馆的整体形象。

- 有章可循。要有专门的制度和人员来处理顾客投诉问题，使各种情况的处理有章可循，保持服务的统一、规范。另外，要做好各种预防工作，对各种顾客投诉防患于未然。

- 及时处理。处理顾客投诉不要拖延时间、推卸责任，各部门应通力合作，迅速做出反应，向顾客清楚地说明事件的缘由，并力争在最短的时间里全面解决问题，给顾客一个圆满的答复。拖延时间或推卸责任只会进一步激怒投诉者，使事情复杂化。

- 分清责任。不仅要分清造成顾客投诉的责任部门和责任人，而且需要进一步明确在提供顾客服务方面，各相关部门、人员的具体责任和权限。

- 留档分析。对每一起顾客投诉及其处理情况要进行详细记录，包括投诉内容、处理过程、处理结果、顾客满意程度等，并通过分析记录来吸取教训、总结经验，为以后更好地处理和预防顾客投诉提供参考。

（二）处理顾客投诉的主要方法

顾客是免费的广告，关键是要看该免费广告是带来正面效应还是负面效应。有关的研究资料指出，当顾客有好的购物体验时，可能会告诉5个其他顾客，但是有不好的体验时，这个数字可能就会上升到20个。因此，如何让顾客成为茶馆免费的正面宣传媒介，使茶馆达到可以持续良性发展的目标，有赖于茶馆员工对每一个投诉意见的妥善处理。茶馆的任

第一章 实体店日常运营

何人员，无论是茶艺师、管理人员，还是负责顾客服务的专职人员，不管在茶馆中有无直接处理顾客投诉的权力，在接受顾客投诉意见时，其处理原则都是一致的，都应认真对待并妥善处理每一位顾客的不满与投诉，使之觉得受到了茶馆的重视。

对所有的顾客投诉意见，包括其产生的原因、处理结果、处理后顾客的反馈以及茶馆今后的改进方法，都应及时采用各种形式，如例会、晨会或茶馆内部刊物等，告知茶馆的所有员工，使员工迅速改进容易引发顾客投诉意见的种种因素，并充分了解处理投诉事件时应避免的不良影响，以防止今后类似事件再次发生。

顾客投诉的常见方式主要有电话投诉、信函投诉，或者是直接到茶馆内当面投诉。根据顾客投诉方式的不同，茶馆可以采取相应的处理方法。

1. 电话投诉的处理方法
- 有效倾听。应仔细倾听顾客的抱怨，站在顾客的立场分析问题的所在，尽可能以温柔的声音及耐心的话语来表示对顾客不满情绪的理解。
- 掌握情况。应尽量从电话中了解顾客所投诉事件的基本信息。
- 记录存档。

2. 信函投诉的处理方法
- 转送管理层。茶馆收到顾客的投诉信时，应立即转送店长或经理，并由店长决定该投诉的后续处理事宜。
- 告知顾客。茶馆应立即联络顾客，通知其已经收到信函，以显示茶馆对于该投诉的诚恳态度和解决意愿。

3. 当面投诉的处理方法
- 将投诉的顾客请至茶馆的会客室或办公室，以免影响其他顾客消费。
- 千万不要在处理投诉过程中中途离席，将顾客独自晾在一旁等候。
- 谨慎使用各项应对措辞，避免导致顾客的再次不满。
- 必须掌握机会适时结束，以免拖延过长，既无法得到解决的方案，也浪费了双方的时间。
- 如有必要，应亲赴顾客住处访问致歉并解决问题，充分体现茶馆的诚意。

（三）处理顾客投诉的主要步骤
- 安抚和道歉。不管顾客的心情如何不好，不管顾客在投诉时的态度如何，也不管是谁的过错，茶馆的服务人员要做的第一件事应该是平息顾客的情绪，缓解他们的不快，向顾客表示歉意，并告诉他们，茶馆将完全负责处理顾客的投诉。
- 投诉记录。详细地记录顾客投诉的全部内容，包括投诉者、投诉时间、投诉对象、

表1：顾客投诉记录表

茶馆名称				编号	
顾客姓名		家庭地址			
发生时间		联系电话		投诉时间	
投诉方式			受理时间		
投诉事情经过					
事情处理经过					
事情处理结果					
处理人员	主管经理		店长	备注	

投诉要求等（详见表1）。

- 判定投诉性质。先确定顾客投诉的类别，再判定顾客投诉理由是否充分，投诉要求是合理。如投诉不能成立，应迅速答复顾客，婉转说明理由，取得顾客谅解。
- 明确投诉处理责任。按照顾客投诉内容分类，确定具体接受单位和受理负责者。属合同纠纷的，提交高层主管裁定；属于运输问题的，交货运部门处理；属于质量问题的，交质量管理部门处理。
- 查明投诉原因。调查确认造成顾客投诉的具体原因和具体责任部门及个人。
- 提出解决办法。参照顾客投诉要求，提出解决投诉的具体方案。
- 通知顾客。投诉解决办法经批复后，迅速通知顾客。
- 责任处罚。对造成顾客投诉的直接责任者和部门主管按照有关制度进行处罚，同时对造成顾客投诉得不到及时圆满处理的直接责任者和部门主管进行处罚。
- 提出改善对策。通过总结评价，汲取教训，提出相应的对策，改善茶馆的经营管理和业务管理，减少顾客投诉。
- 后续跟踪。解决了顾客投诉后，致电或致信给顾客，了解他们是否满意。一定要与顾客保持联系，尽量定期拜访他们。

第一章　实体店日常运营

（四）处理顾客投诉的注意事项

- 严格按照规定的"投诉意见处理步骤"，妥善处理顾客的各项投诉。
- 收到投诉时，要填写"顾客投诉记录表"。对于表内的各项记录，尤其是顾客的姓名、住址、联系电话以及投诉的主要内容均须复述一次，并请对方确认。
- 所有的投诉处理都要规定结束的期限。
- 顾客投诉意见一旦处理完毕，必须立即以书面的方式及时通知投诉人，并确定每一项投诉内容均得到解决及答复。
- 对于涉及违法行为的投诉事件，如顾客寄放在柜台的贵重物品遗失等，应与警方联系。
- 由消协等机构转来的投诉事件，在处理结束后必须与相关机构联系，以便让对方知晓整个事件的处理过程及处理结果。

【活动设计】

进入11月，广州开始有秋意了。溢香茶坊接到预订，老顾客年先生希望今晚8～10点能包场。店长小洪查了一下，很不巧，今晚的包房已全部被预订。小洪很诚恳地回复对方："年先生，不好意思，今晚的包房已经被预订完了，临时通知各位顾客取消的话，对方不一定会接受。"年先生说："洪店长，我今晚确实需要包场，能否向各位包房的宾客说明？如果需要，我愿意按今晚包房的最低消费作赔偿，请他们推迟一天来茶馆消费。"

小洪考虑了一下，觉得如果这么做，对于茶馆来说是一种失约行为，会对茶馆的形象造成一定的影响；另一方面，对于顾客来说，也不一定会接受年先生的要求，反而可能会产生抵触心理，因为能来茶馆消费的顾客一般都不会介意消费的费用。

于是，小洪向年先生详细了解了包场的具体原因。原来，年先生希望举办一个可容纳约12人的鸡尾酒式主题茶会，以便为其企业产品做主题宣讲，同时又能利用茶馆位于珠江河畔的地理优势，让嘉宾们充分感受广州的都市文化。

显然，如果这个活动能成功举办，对茶馆来说也是一次很好的宣传。小洪决定在既不影响包房的顾客，又可以实现包场效果的前提下，帮年先生策划这场茶会。

小洪对年先生说："年先生，很感谢您对我们茶馆的信任，选择茶馆作为你公司重要产品宣传活动的场所，我们一定会竭尽全力提供最好的服务。但是，我们也不能因此拒绝其他客人，因为他们也像您一样，是我们的老熟客，一直支持本店。这样吧，我们免费对户外和大厅进行重新布置，并根据您的要求，对茶具、茶品、活动的相关文案进行调整。您觉得是否可行？"年先生觉得这也是一种较好的解决方案，于是满意地接受了。

茶馆经营与管理

活动期间，小洪作为全场主控，及时协调各种问题，包括场地布置与分区、人员安排、用品协调、多媒体设备配备、活动安全管理等，使活动圆满结束，获得顾客的充分肯定。

学生的学习活动即根据上述情境模拟进行。

一、活动组织

①将学生分成6人/组，一个为店长，其他为茶师。

②每组根据处理投诉的流程与原则进行练习。

③小组进行演示时，指定其中一个小组为检测员。

④进行投诉处理措施总结，选出表现最优的小组进行演示。

二、安全与注意事项

①注意仪容仪表。

②准备好情境模拟所用的物品。

③做好协调工作，记录特殊情况。

④提醒用电、用水安全。

三、活动实施（见表2：处理投诉活动说明表）

四、活动评价（见表3：处理投诉活动检测表）

【体验营】

演示接受电话投诉的处理程序。

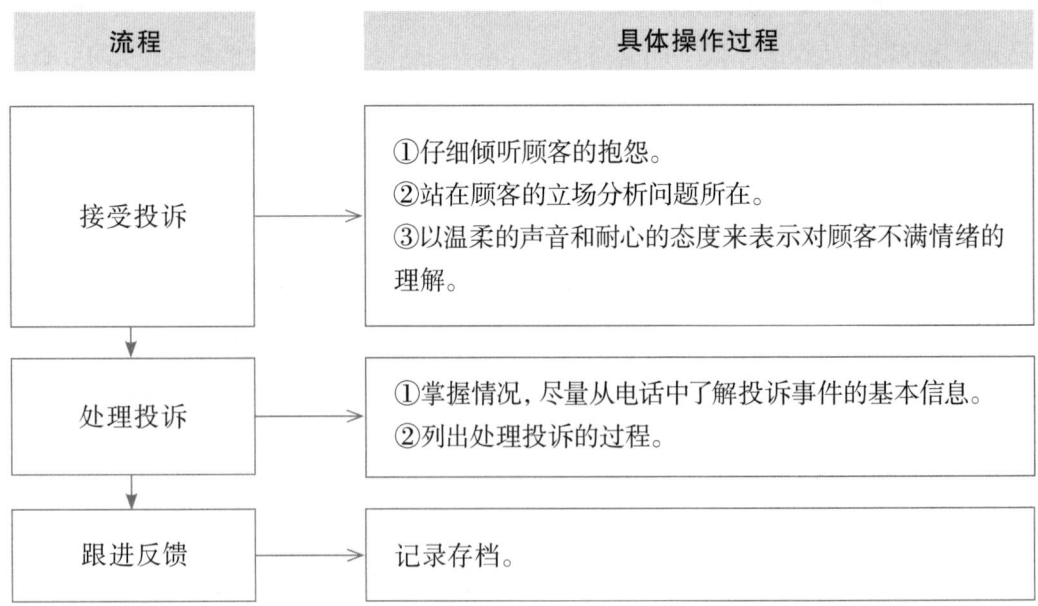

流程	具体操作过程
接受投诉	①仔细倾听顾客的抱怨。 ②站在顾客的立场分析问题所在。 ③以温柔的声音和耐心的态度来表示对顾客不满情绪的理解。
处理投诉	①掌握情况，尽量从电话中了解投诉事件的基本信息。 ②列出处理投诉的过程。
跟进反馈	记录存档。

第一章 实体店日常运营

表2：处理投诉活动说明表

序号	步骤	操作及说明	标准
1	接受投诉	①安抚前来投诉的顾客。 ②将投诉的顾客请至茶馆的会客室或办公室。	①对顾客表示诚意。 ②迅速引领顾客到会客室或办公室。
2	倾听	①倾听顾客的投诉事件。 ②记录投诉事件。 ③全程跟进。 ④对顾客表示理解。	①能倾听顾客投诉。 ②使用专用笔记本进行记录。 ③全程跟进。 ④关心投诉的顾客。
3	提出解决方案	①根据投诉的具体事情，向顾客提供解决方案。 ②谨慎使用应对措辞。 ③尽量使顾客满意。	①能向顾客提出解决方案。 ②措辞恰当。 ③顾客满意。
4	执行解决方案	①必须掌握机会适时结束投诉。 ②亲赴顾客住处访问致歉，并解决问题。 ③做好处理情况的记录。	①尽快结束投诉。 ②亲自道歉。 ③做好记录。

表3：处理投诉活动检测表

茶艺师：　　　　　　　　　班级：

序号	举证内容	举证标准	评判结果	
			是	否
1	接受投诉	①对顾客表示诚意。		
		②迅速引领顾客到会客室或办公室。		
2	倾听	①能倾听顾客投诉。		
		②使用专用笔记本进行记录。		
		③全程跟进。		
		④关心投诉的顾客。		
3	提出解决方案	①能向顾客提出解决方案。		
		②措辞恰当。		
		③顾客满意。		
4	执行解决方案	①尽快结束投诉。		
		②亲自道歉。		
		③做好记录。		

检查人：　　　　　　　　　时间：

第一章 实体店日常运营

第四节 顾客服务及事件处理

02 能带领茶师做好现场安全管理

【学习目标】

1. 能描述意外事故的类型。
2. 能处理意外事故。

【核心概念】

安全管理：在茶馆的日常管理中，安全管理是首先要关注的事务，它包括了用电、用水、消防、顾客意外事件等内容。

【基础知识】

一、一般性意外事故

意外事故一般包括以下种类：

- 滑倒及摔跤。踩到地上的汤汁或食物，通道存在障碍物，有缺口的家具及有尖角的设备等，都可以导致人滑倒、摔跤。
- 扭伤。起因是搬重物，攀高不慎，或没有使用正确的搬运技巧。
- 烫伤。起因是碰触滚烫的东西，如炉子、开水、锅子、热食等。如顾客不慎被开水烫伤，茶师应根据情况及时将顾客送往医院医治，及时将诊断结果反馈给总经理。
- 割伤。起因是碰触到店内尖锐的装潢物、破损的茶具等。
- 触电。起因是碰触破损的插头、电线或不当使用电器设备等。
- 其他。如机械伤害、食物中毒等。

应积极采取预防措施，防止意外事件的发生：

- 一旦地面有油迹、水渍、汤汁或食物，必须马上清理干净。

- 清除在工作区、通道、储物区的障碍物。
- 修理或更换有缺口或破损的桌椅和其他安装物,以及器皿、器具或设备。
- 修理破损的地毯。
- 确保高脚椅十分稳固。
- 培训茶艺师正确使用各种电器设备。
- 定期检查插座、插头、电线、电源开关,万一有破损,应立即请专人修理。

二、其他意外事故的处理方法

- 儿童的看管方法。顾客中以儿童发生意外的比例最高,因此,如有儿童在店内跑跳、吵闹,应规劝小孩,并将其带回座位交予父母,告知父母看管小孩。此外,还要注意防止儿童在门口玩耍时被大门夹伤等类似情况发生,如果发现,茶师最好立即带他回座位或告知其父母。
- 碰撞顾客的处理方法。如因碰撞造成顾客受伤,茶馆应视情况予以处理,并向总经理汇报处理结果。若因茶师不慎碰撞顾客,一般来说,店内的经理可以视情况给予顾客适当优惠,但无须特意提醒客人,等到客人买单时再告知对方"为表示歉意,我们对您的此次消费进行了免费(或打折)处理"。通过这种方式安抚顾客,以消除其内心的不快。

三、预防意外事故的方法

- 要配置安全提醒标志。完善的安全提醒标志可减少顾客受到伤害的可能,如茶馆里明示"小心烫伤"的标语。容易发生危险的建材及设计,在发包工程时就应注意避免及改善,如楼梯需加防滑边条,桌角需磨圆等。
- 茶馆还应该备有应急药品及急救箱,且急救箱应摆放在固定位置,以备意外发生时可迅速取用。急救箱大致放置以下医疗用品:①胶布、胶带;②急救手册;③纱布;④创可贴;⑤棉花、棉花棒;⑥剪刀、小钳子;⑦烫伤药膏;⑧擦伤药水;⑨过氧化氢。

四、临时停电的处理

- 查明停电原因和修复时间。
- 切断总电源及所有分电源。
- 停止所有项目营业。
- 待顾客疏散后,在未供电前,可做些不用电的工作,如整理纸巾、分拣茶包等。
- 供电恢复后,分次打开电源及灯光,检查电路、冰箱、冷气、制冰机等。处理方式同临时停水处理。
- 若停电时间较长,无法继续营业,应派遣两名男员工保护出纳人员,同时安排员工站立于后门出入口。

第一章 实体店日常运营

- 若停电时间较长,茶师需安抚顾客,并为要离去的顾客买单。因收银机等无法使用,如顾客急于离去,又一定索要发票的,则可请对方留下姓名、地址,以便事后邮寄。
- 收银机善后处理。应将开关置于关闭状态。

五、临时停水的处理

- 查明原因,区分自来水厂地区性停水或大楼停水或本店停水等具体情况。
- 停水后,洗碗机、冷气、水冷式冰箱、生饮水系统、制冰机等均不可使用。
- 供水后,应检查冷气系统,水塔需先补充满,才可开冷气。
- 供水后,水冷式冰箱重新开机,并设定温度,待温度下降至设定温度时才可开门。

六、发现小偷的处理

小偷必须是现行犯罪才成立。如果不能确定是否为小偷时,可小声通知同事、上司或负责人加以监控,并派人跟踪,注意其有没有偷窃行为。大部分小偷如果在茶馆偷窃成功而未被发现的话,都会重复实施这一行为。如果小偷发觉不对劲,知道有人在监视、跟踪,他就不敢再下手。如果他真的偷了东西,一定会慌慌张张。

因为一般人没有调查的权限,所以站在管理者的立场,只能要求小偷把东西归还,如果有把握,确认有偷窃的情况发生,应该和上司协同处理。

【活动设计】

进入11月,广州开始有秋意了。溢香茶坊接到一个预订,老顾客年先生希望今晚8~10点能包场。店长小洪查了一下,很不巧,今晚的包房已全部被预订。小洪很诚恳地回复:"年先生,不好意思,今晚的包房已经被预订完了,临时通知各位顾客取消的话,对方不一定会接受。"年先生说:"洪店长,我今晚确实需要包场,能否向各位包房的宾客说明?如果需要,我愿意按今晚包房的最低消费作赔偿,请他们推迟一天来茶馆消费。"

小洪考虑了一下,觉得如果这么做,对于茶馆来说是一种失约行为,会对茶馆的形象造成一定的影响;另一方面,对于顾客来说,也不一定会接受年先生的要求,反而可能会产生抵触心理,因为能来茶馆消费的顾客一般都不会介意消费的费用。

于是,小洪向年先生详细了解了包场的具体原因。原来,年先生希望举办一个可容纳约12人的鸡尾酒式主题茶会,以便为其企业产品做主题宣讲,同时又能利用茶馆位于珠江河畔的地理优势,让嘉宾们充分感受广州的都市文化。

显然,如果这个活动能成功举办,对茶馆来说也是一次很好的宣传。小洪决定在既不影响包房的顾客,又可以实现包场效果的前提下,帮年先生策划这场茶会。

小洪对年先生说:"年先生,很感谢您对我们茶馆的信任,选择茶馆作为你公司重要

茶馆经营与管理

产品宣传活动的场所，我们一定会竭尽全力提供最好的服务。但是，我们也不能因此拒绝其他客人，因为他们也像您一样，是我们的老熟客，一直支持本店。这样吧，我们免费对户外和大厅进行重新布置，并根据您的要求，对茶具、茶品、活动的相关文案进行调整。您觉得是否可行？"年先生觉得这也是一种较好的解决方案，于是满意地接受了。

活动期间，由于用电超负荷，全场停电15分钟。小洪作为全场主控，及时协调各种问题，监控活动的安全管理事务，避免类似事件再次发生，使活动圆满结束，获得顾客的充分肯定。

学生的学习活动即根据上述情境模拟进行。

一、活动组织

①将学生分成6人/组，一个为店长，其他为茶师。
②每组根据顾客摔跤的具体案例进行安全管理练习。
③小组进行演示时，指定其中一个小组为检测员。
④进行总结，选出表现最优的小组进行演示。

二、安全与注意事项

①停电演示要适当。
②准备好演示的用具。
③做好协调工作，记录特殊情况。
④提醒用电、用水安全。

三、活动实施（见表1：处理临时停电活动说明表）

四、活动评价（见表2：处理临时停电活动检测表）

【体验营】

模拟茶馆经营期间发现小偷后的处理过程。

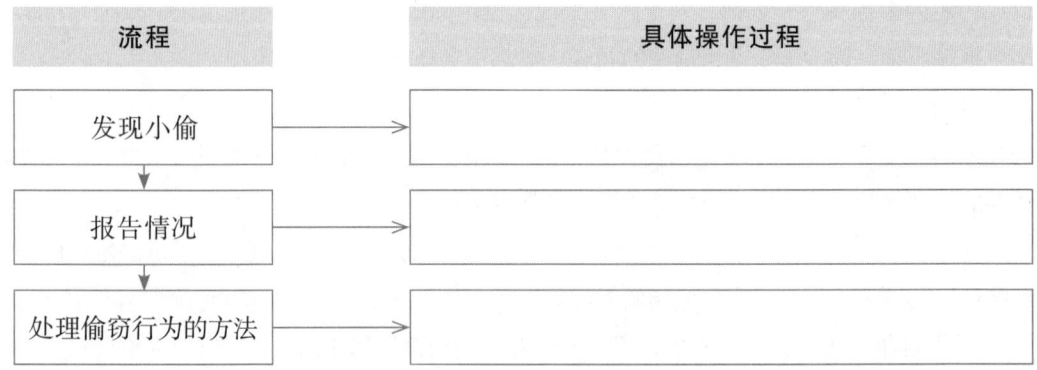

表1：处理临时停电活动说明表

序号	步骤	操作及说明	标准
1	查明停电原因	①查明停电原因。 ②确认修复时间。 ③安抚顾客，并告知事情处理的进度。	①了解原因。 ②落实修复工作。 ③告知恢复供电的时间。
2	恢复供电	供电恢复后，分次打开电源及灯光，检查电路、冰箱、冷气、制冰机等，处理方式同停水处理。	①检查电源。 ②检查电器恢复使用的情况。 ③检查恢复供电的情况。
3	善后处理	①若停电时间较长，无法营业，应派遣两名男员工保护出纳人员，并安排员工站立于后门出入口。 ②若停电时间较长，茶师应安抚顾客，为要离去的顾客买单并记录索要发票的顾客的姓名、地址，以便事后邮寄。 ③收银机善后处理。	①门口有工作人员维持秩序。 ②引导散客买单，并记录顾客开具发票的信息。 ③收银机开关为关闭状态。

表2：处理临时停电活动检测表

茶艺师： 班级：

序号	举证内容	举证标准	评判结果 是	评判结果 否
1	查明停电原因	①了解原因。		
		②落实修复工作。		
		③告知恢复供电的时间。		
2	恢复供电	①检查电源。		
		②检查电器恢复使用的情况。		
		③检查恢复供电的情况。		
3	善后处理	①门口有工作人员维持秩序。		
		②引导散客买单，并记录顾客开具发票的信息。		
		③收银机的开关置于关闭状态。		

检查人： 时间：

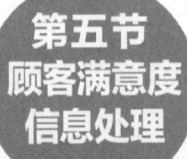

01 能进行顾客满意度调查

【学习目标】
1. 能描述顾客满意度的内容。
2. 能进行顾客满意度调查。

【核心概念】
顾客满意度：顾客满意度是顾客在门店消费获得消费体验的一种心理评价。它是一个较为感性的整体评价，并不是由门店单方面的专业度决定的，而是取决于顾客对购物体验的综合评价。

【基础知识】
顾客满意度是顾客在门店消费获得消费体验的一种心理评价。顾客的满意度越高，则卖场的人气越高，创造的利润也就越高；反之，顾客的满意度越低，人气越差，获得的利润也就越少，情形严重的甚至会影响到门店的生存。

顾客满意度调查的主要目标为：确定导致顾客满意的关键业绩指标，评估企业的业绩，判断改善主要业绩指标所需措施的轻重缓急，并采取相应的正确行动。

有效的顾客满意度调查对于茶馆及时发现顾客服务领域存在的问题，确保茶馆的顾客服务水平是至关重要的。

顾客满意度调查的具体步骤如下：

1. 制订内部顾客满意度调查计划

内部计划通常包括确定公司内部参与顾客满意度调查的人选；了解组织各层次将如何获取并利用调查结果；向员工和主要顾客传达调查的意图；组织主要管理层参与调查过

第一章 实体店日常运营

程,开展讨论,明确调查的目的和问题。

必须让企业主要管理人员和顾客了解顾客满意度调查的目标、方法、结果和影响,而主要管理人员积极参与顾客满意度调查计划的制订,有助于他们理解调查的全过程,接受调查结果,并且激发其工作责任心。

2. 选择专门的外部调研机构

若企业不具备进行顾客满意度调查的人力或能力,必须请外部专业调研机构来协助进行调查。可采取比较选择法,从多家专业调研机构中选择一家最适合本企业的调研机构。比如,可以要求这些专业调研机构根据企业的情况提供项目建议书,然后评估选择一家拥有良好数据收集能力和数据分析能力并能据此提出合理建议的调研机构。评估时应主要从三个方面考虑:①技术;②能力和经验;③成本。

3. 识别顾客并确定调查对象

在顾客满意度调查的过程中,识别顾客是非常重要的。它不应仅仅局限于曾经同企业有过往来的顾客,潜在顾客的识别对企业也是至关重要的。此外,还应包括竞争企业的顾客——准确获取竞争企业的顾客信息对于本企业来说具有很大的价值。

一旦顾客识别完毕,就应罗列出具体清单,从中筛选出本企业的重点顾客,也就是顾客满意度的调查对象。

4. 确定关键的业绩指标

顾客满意度是指一项事务满足顾客需要和期望的程度。顾客满意度调查的核心是确定商品或服务在多大程度上满足了顾客的要求和期望。

应当注意的是,确定业绩指标时应使用顾客的语言来表达,并且尽可能是开放性的问题,以便顾客自主反馈意见,从而收集顾客对企业满意或不满意的信息。

5. 选择调查方法

在顾客满意度调查中,需要收集大量关于顾客的信息资料,具体的收集方法大体上有以下几种:拦截访问、邮件、电话、座谈会、网上调查、观察等。除了这些主动收集的信息来源

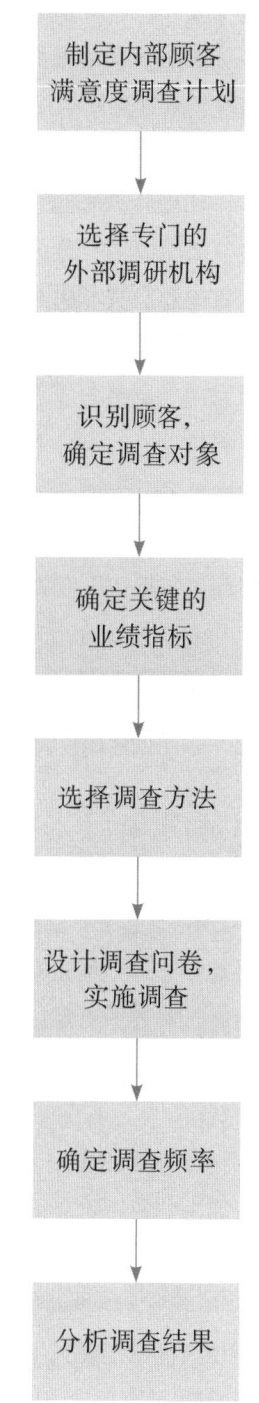

顾客满意度调查流程

渠道外，还有顾客投诉、顾客反馈、消费者组织的报告、媒体的报道等。

调查方法应根据本企业的实践情况而定，包括考虑是否选择外部专业调研机构、资金情况、时间因素，应该选择既最适合本企业的特点，又能够实现高回收率、高效率、低成本的调查方法。

6. 设计调查问卷并实施调查

设计调查问卷是很关键的一个环节，因为调查结果的有效性取决于所问的问题。准备调查问卷是一项相当繁重的工作，应围绕所确定的组织的关键业绩指标来设计调查问卷，尽量使用顾客的语言，选择恰当的提问用语，多提开放性问题。

一旦设计好了调查问卷，就应按照调查计划的要求，采用适当的调查方法进行调查、收集信息。

7. 确定调查频率

近年来推行ISO9000的经验表明，企业每年进行一次管理水平评估是合适的，所以建议门店每年在管理绩效考核前进行一次顾客满意度调查。

8. 分析调查结果

分析调查结果时可以采用适当的统计技术方法。对顾客满意度调查的统计分析主要包括如下内容：调查问卷回收率的统计分析、每项业绩指标的得分分析、总体满意度分析等。

【活动设计】

进入11月，广州开始有秋意了。溢香茶坊接到了一个预订，老顾客年先生希望今晚8~10点能包场。店长小洪查了一下，很不巧，今晚的包房已全部被预订了。小洪很诚恳地回复对方："年先生，不好意思啊，今晚的包房已经被预订完了，临时通知各位顾客取消的话，对方不一定会接受。"年先生说："洪店长，我今晚确实需要包场，能否向各位包房的宾客说明？如果需要，我愿意按今晚包房的最低消费作赔偿，请他们推迟一天来茶馆消费。"

小洪考虑了一下，觉得如果这么做，对于茶馆来说是一种失约行为，会对茶馆的形象造成一定的影响；另一方面，对于顾客来说，也不一定会接受年先生的要求，反而可能会产生抵触心理，因为能来茶馆消费的顾客一般都不会介意消费的费用。

于是，小洪向年先生详细了解了包场的具体原因。原来，年先生希望举办一个可容纳约12人的鸡尾酒式主题茶会，以便为其企业产品做主题宣讲，同时又能利用茶馆位于珠江河畔的地理优势，让嘉宾们充分感受广州的都市文化。

显然，如果这个活动能成功举办，对茶馆来说也是一次很好的宣传。小洪决定在既不

第一章 实体店日常运营

影响包房的顾客,又可以实现包场效果的前提下,帮年先生策划这场茶会。

小洪对年先生说:"年先生,很感谢您对我们茶馆的信任,选择茶馆作为你公司重要产品宣传活动的场所,我们一定会竭尽全力提供最好的服务。但是,我们也不能因此拒绝其他客人,因为他们也像您一样,是我们的老熟客,一直支持本店。这样吧,我们免费对户外和大厅进行重新布置,并根据您的要求,对茶具、茶品、活动的相关文案进行调整。您觉得是否可行?"年先生觉得这也是一种较好的解决方案,于是满意地接受了。

活动期间,小洪作为全场主控,及时协调各种问题,包括场地布置与分区、人员安排、用品协调、多媒体设备配备、活动安全管理等,使活动圆满结束,获得顾客的充分肯定。之后,小洪又对此次活动进行总结,及时收集顾客满意度反馈表。

学生的学习活动即根据上述情境模拟进行。

一、活动组织

①将学生分成6人/组,一个为店长,其他为茶师。

②每组根据顾客满意度调查的内容进行练习。

③小组进行演示时,指定其中一个小组为检测员。

④进行顾客满意度调查总结,选出表现最优的小组进行演示。

二、安全与注意事项

①注意仪容仪表。

②做好顾客满意度调查表。

③做好协调工作,记录特殊情况。

三、活动实施(见表1:顾客满意度调查活动说明表)

四、活动评价(见表2:顾客满意度调查活动检测表)

茶馆经营与管理

【体验营】
案例介绍

汽车销售中的顾客服务

乔·吉拉德向一位客户销售汽车，交易过程十分顺利。当客户正要付款时，另一位销售人员跟吉拉德谈起了昨天的篮球赛，吉拉德一边跟同伴说笑，一边伸手去接车款，不料客户却突然掉头而走，连车也不买了。

吉拉德苦思冥想了一天，不明白客户为什么突然放弃了该辆车。夜里11点，他终于忍不住给客户打了一个电话，询问客户突然改变主意的理由。客户在电话里不高兴地告诉他："今天下午付款时，我同您谈到了我的小儿子，他刚考上密歇根大学，是我们家的骄傲，可是您一点都没有听见，只顾着跟您的同事讨论篮球赛。"吉拉德明白了，这次生意失败是因为自己没有认真倾听客户谈论自己最得意的儿子。

从上述案例中，我们能获得什么启发？如何应用在茶馆的日常管理中？

分析思考

顾客服务时代已经来临。在提供优质产品的同时，如何为客户提供更好的服务，已被大多数企业提到了战略高度。客户的争夺已成为市场竞争的核心，客服水平的高低更在一定程度上决定了企业的生死存亡。只有对顾客服务质量进行及时有效的评价，才能有力地促进企业提升客服水平。

第一章 实体店日常运营

表1：顾客满意度调查活动说明表

序号	步骤	操作及说明	标准
1	制定内部顾客满意度调查计划	①确定内部参与顾客满意度调查的人选。 ②了解组织各层次将如何获取并利用调查结果。 ③向员工和主要顾客传达调查的意图。 ④组织主要管理层参与调查过程，开展讨论，明确调查的目的和问题。	①确定参与的人数。 ②了解获得调查结果的途径。 ③传递调查的意图。 ④明确调查的内容。
2	选择专门的外部调研机构	选择一家拥有良好数据收集能力、分析能力并能提出合理建议的调研机构。	①考虑技术。 ②考虑能力。 ③考虑经验。 ④考虑成本。
3	识别顾客并确定调查对象	①识别顾客。 ②准确获取竞争企业的顾客信息。	①识别曾同茶馆有过往来的顾客。 ②识别对茶馆发展有重要作用的潜在顾客。 ③识别竞争企业的顾客。
4	确定关键的业绩指标	用开放性问题，以便顾客自主反馈意见，从而收集顾客对企业的满意度信息。	①问题具有开放性。 ②能使用顾客的语言来表达。
5	选择调查方法	选择既适合本企业的特点，又能实现高回收率、高效率、低成本的调查方法。	①是否选择外部专业调研机构。 ②是否考虑资金情况。 ③是否考虑时间因素。
6	设计调查问卷并实施调查	①设计问卷。 ②组织调查。	①问卷数量符合要求。 ②参与组织的人员积极配合。
7	分析调查结果	①整理调查表。 ②分析调查数据。 ③撰写调查报告。	①数据清晰。 ②分析方法正确。 ③报告得体。

表2: 顾客满意度调查活动检测表

茶艺师： 班级：

序号	举证内容	举证标准	评判结果	
			是	否
1	制定内部顾客满意度调查计划	①确定参与的人数。		
		②了解获得调查结果的途径。		
		③传递调查的意图。		
		④明确调查的内容。		
2	选择专门的外部调研机构	①考虑技术。		
		②考虑能力。		
		③考虑经验。		
		④考虑成本。		
3	识别顾客并确定调查对象	①识别曾经同茶馆有过往来的顾客。		
		②识别对茶馆发展有重要作用的潜在顾客。		
		③识别竞争企业的顾客。		
4	确定关键的业绩指标	①问题具有开放性。		
		②能使用顾客的语言来表达。		
5	选择调查方法	①是否选择外部专业调研机构。		
		②是否考虑资金情况。		
		③是否考虑时间因素。		
6	设计调查问卷并实施调查	①问卷数量符合要求。		
		②参与组织的人员积极配合。		
7	分析调查结果	①数据清晰。		
		②分析方法正确。		
		③报告得体。		

检查人： 时间：

第一章 实体店日常运营

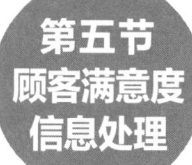

02 能调整顾客服务技巧，提升服务质量

【学习目标】

1. 能描述改善服务质量的方法。
2. 能根据茶馆的管理要求，提升服务质量。

【核心概念】

定点超越：是茶馆将自己的商品、服务和营运过程同市场上的竞争对手，尤其是最强的竞争对手进行对比，在比较和检验的过程中逐步提高自身水平的服务质量管理方法。

【基础知识】

茶馆在服务质量管理上应该做的工作包括：了解顾客的期望；制订顾客服务的标准；做好沟通工作，让顾客了解企业提供的服务内容；创造性地执行符合标准的服务程序，让员工根据顾客的特点做好服务；检查服务质量，对出现的问题进行修正。

具体说明如下：

一、了解顾客的期望

做好服务工作的第一步是了解顾客对零售企业的期望和对零售企业提供服务的感受。获得这些信息的方法主要有两点：倾听顾客意见；处理顾客投诉。

倾听顾客意见即询问顾客对门店的评价。门店可通过顾客调查、员工调查、顾客意见及建议本、顾客座谈会等途径了解顾客的意见。许多零售企业通过倾听顾客意见改进了工作，赢得了顾客的满意。

顾客投诉能够促使零售企业加强与顾客的相互联系，处理投诉是一个难得的发现问题和寻求解决问题的办法的好机会。在企业为获取市场信息而进行努力时，顾客投诉是常见却又未能充分利用的资源之一,它本身完全可以成为改进和提高服务水平的依据,利用得好,会给企业带来多方面的收益。

二、制订服务标准

茶馆在收集了解顾客的期望和感受后,接下来就是利用这些信息来制订服务标准。为了使这些标准易于实施,应将标准进行量化处理。为确保服务质量,企业应该建立严格的服务绩效监督制度。比如,可以采取定期稽查、顾客调查、设置建议投诉簿、比较性购买等方法来检查服务质量。同时,应鼓励员工参与制订标准,以使其更好地理解和接受这些标准,并制订相应的奖惩制度,从而鼓励员工达到或超过服务标准。

表1为茶馆服务标准评分表示例。

表1:茶馆服务标准评分表

考核项目	考核内容	得分	扣分说明
仪容仪表 (5分)	①仪表仪容整洁,着规定服装,正确佩戴胸牌。		
	②不留指甲,不涂指甲油,不戴一只以上的戒指,佩戴的饰物不超过两件,不化浓妆,不留怪异发型。		
服务 (20分)	①站立服务,精神饱满,面带微笑,不得倚靠在柜台或存包柜上。		
	②原则上使用普通话,音质柔和,吐字清晰。		
	③使用文明用语,顾客临柜亲切问候"您好"。及时做好服务工作,耐心回答顾客的咨询。推行首问责任制。		
操作 (50分)	①操作熟练,动作利落,能体现茶师的服务技巧。		
	②操作时能站在客人的角度,多为客人着想。		
卫生 (5分)	环境整洁干净。		
纪律 (15分)	①未经许可,不得擅离岗位、串岗、脱岗。		
	②交接清楚,不轻易离岗。		
	③按规定做好迎宾工作。		
合作 (5分)	员工相互之间协作关系良好,积极发扬团队精神。		

第一章 实体店日常运营

三、加强培训，充分授权

茶馆要想减少传递距离，使服务达到或超过服务标准，还需要重视员工培训和充分授权。一般来说，服务通常是由茶师传递给顾客的。茶师的素质、技术水平、工作态度决定了服务的质量，因此，必须通过严格的培训，使茶师正确理解服务标准的含义，掌握相应的服务技能，才能有效地进行服务。

四、定点超越

茶馆提高服务质量的最终目的是在市场上获得竞争优势，而获得竞争优势的有效途径就是向竞争对手学习并超越对手。定点超越是茶馆将自己的商品、服务和营运过程同市场上的竞争对手，尤其是最强的竞争对手进行对比，在比较和检验的过程中逐步提高自身水平的服务质量管理方法。

定点超越表现在三个方面：在策略上，要把自身的服务营销策略与成功企业相比较，总结经验，制订新的、符合自身条件和市场需求的服务策略；在具体做法上，要重点了解竞争对手是如何降低竞争成本而又提高了竞争差异的；在职能管理上，根据竞争者的做法，重新评价、核定各个部门及岗位在整个门店营运过程中的作用和职责。

五、创造性地执行服务标准

茶馆制订了服务标准，并不等于只能让员工去刻板地执行这些标准。有时为满足顾客需求，仍需根据实际情况对服务标准进行灵活运用。这就要求每个茶师都能理解茶馆制订服务标准的本意是为了增加顾客的满意度，且都能在不违背大原则的前提下创造性地执行这些标准。

【活动设计】

进入11月，广州开始有秋意了。溢香茶坊接到了一个预订，老顾客年先生希望今晚8~10点能包场。店长小洪查了一下，很不巧，今晚的包房已全部被预订了。小洪很诚恳地回复对方："年先生，不好意思啊，今晚的包房已经被预订完了，临时通知各位顾客取消的话，对方不一定会接受。"年先生说："洪店长，我今晚确实需要包场，能否向各位包房的宾客说明？如果需要，我愿意按今晚包房的最低消费作赔偿，请他们推迟一天来茶馆消费。"

小洪考虑了一下，觉得如果这么做，对于茶馆来说是一种失约行为，会对茶馆的形象造成一定的影响；另一方面，对于顾客来说，也不一定会接受年先生的要求，反而可能会产生抵触心理，因为能来茶馆消费的顾客一般都不会介意消费的费用。

于是，小洪向年先生详细了解了包场的具体原因。原来，年先生希望举办一个可容纳

茶馆经营与管理

约12人的鸡尾酒式主题茶会，以便为其企业产品做主题宣讲，同时又能利用茶馆位于珠江河畔的地理优势，让嘉宾们充分感受广州的都市文化。

显然，如果这个活动能成功举办，对茶馆来说也是一次很好的宣传。小洪决定在既不影响包房的顾客，又可以实现包场效果的前提下，帮年先生策划这场茶会。

小洪对年先生说："年先生，很感谢您对我们茶馆的信任，选择茶馆作为你公司重要产品宣传活动的场所，我们一定会竭尽全力提供最好的服务。但是，我们也不能因此拒绝其他客人，因为他们也像您一样，是我们的老熟客，一直支持本店。这样吧，我们免费对户外和大厅进行重新布置，并根据您的要求，对茶具、茶品、活动的相关文案进行调整。您觉得是否可行？"年先生觉得这也是一种较好的解决方案，于是满意地接受了。

活动期间，小洪作为全场主控，及时协调各种问题，包括场地布置与分区、人员安排、用品协调、多媒体设备配备、活动安全管理等，使活动圆满结束，获得顾客的充分肯定。

学生的学习活动即根据上述情境模拟进行。

一、活动组织

　　①将学生分成6人/组，一个为店长，其他为茶师。
　　②每组选用提升服务质量方法的一种进行练习。
　　③小组进行演示时，指定其中一个小组为检测员。
　　④进行总结，选出表现最优的小组进行演示。

二、安全与注意事项

　　①注意仪容仪表。
　　②要及时对店面的最新营销策略进行解释。
　　③做好协调工作，记录特殊情况。
　　④提醒用电、用水安全。

三、活动实施（见表2：服务质量管理活动说明表）

四、活动评价（见表3：服务质量管理活动检测表）

【体验营】

根据顾客满意度调查表的结果，分析茶馆服务质量提升的方向。

表2：服务质量管理活动说明表

序号	步骤	操作及说明	标准
1	了解顾客的期望	设计顾客满意度调查问卷。	①问卷格式清晰。 ②问卷内容明确。 ③用词正确。
2	制订顾客服务的标准	①制订茶馆茶事服务流程。 ②制订茶馆茶艺表演流程。 ③制订茶馆收银服务流程。 ④制订接受主题茶会操作流程。	①流程清晰。 ②操作性强。 ③体现茶馆特色。 ④职责明确。
3	执行符合标准的服务程序	根据要求，执行标准。	①服务到位。 ②程序正确。
4	检查服务质量	①对照标准执行检查工作。 ②对出现的问题进行修正。	①能对照标准进行检查。 ②发现问题进行修正。
5	做好沟通工作	①让顾客了解茶馆提供的服务内容。 ②了解顾客需求。	①介绍服务内容。 ②根据顾客需求，推荐服务项目。
6	创造性地执行标准	让员工根据顾客的特点做好服务。	服务流程完整。

表3：服务质量管理活动检测表

茶艺师：　　　　　　　　　　　　班级：

序号	举证内容	举证标准	评判结果	
			是	否
1	了解顾客的期望	①问卷格式清晰。		
		②问卷内容明确。		
		③用词正确。		
2	制订顾客服务的标准	①流程清晰。		
		②操作性强。		
		③体现茶馆特色。		
		④职责明确。		
3	执行符合标准的服务程序	①服务到位。		
		②程序正确。		
4	检查服务质量	①能对照标准进行检查。		
		②发现问题进行修正。		
5	做好沟通工作	①介绍服务内容。		
		②根据顾客需求，推荐服务项目。		
6	创造性地执行标准	服务流程完整。		

检查人：　　　　　　　　　　　　时间：

第二章

网店运营

第一节 日常维护

01 维护网店平台

【学习目标】
1. 能描述网上开店的一般流程。
2. 能根据提示对网店进行运营。
3. 能根据运营要求，进行基本的网店装修。
4. 能根据营销计划，进行产品发布。

【核心概念】
　　网上开店：网上开店是发展非常普遍的电子商务模式，很多时候人们提到电子商务，可能首先想到就是开网店。淘宝是网店的典型代表，不管是个人还是公司，都可以在淘宝开店。

【基础知识】
　　网上开店与线下实体店的开店流程类似，看似一个小小的店铺，却包含市场分析、网店策划、网店开通、商品上架与装修、网店推广与客户服务等，整个流程较长。不管选择哪个网店平台开店，其流程基本上大同小异（见第Ⅺ页图）。

　　一、开店前期准备
　　开店前期准备主要是指根据对市场的分析进行网店策划，选择并确定售卖的商品，并找到合适的供应商和物流公司。选择既适合网上销售，又具有特色和竞争力的商品，是网上开店的基本前提。同时，还需提前准备在网店平台开店要求的相关资料。

第二章 网店运营

二、选择开店平台

不同类型的平台，对入驻商家的要求也不一致。一般来说，淘宝网对资质、开店实力等要求较低，适用于初涉电商的商家，商家只需使用有效证件进行注册和申请即可拥有自己的店铺。而天猫商城、京东商城等B2C网站，则对商家入驻有一定要求，如较高数额的押金和企业资质等。

三、注册店铺并完成装修

申请成功后，即可开始店铺的装修和管理。装修和管理店铺是个繁琐的过程，包含内容较多，比如店铺名称设置、招牌设计、店铺导航、商品分类、图片优化、物流管理等。其中店铺名称的确定和商品类目的选择是该阶段较为重要的工作，好的名字和logo可以给消费者留下好印象，且方便消费者记忆和搜索。而商品类目的选择则与店铺日后的经营成效息息相关。

四、进货

对于进货这一阶段而言，低价进货、控制成本非常重要。而要做到这一点，就要选择好进货渠道，并与供应商建立良好的合作关系。

网络进货渠道很多，阿里巴巴等批发网站都提供商品批发和代发服务。此外，也可选择线下实体批发市场进货、厂家直接进货等，如果本身就具有稳定的货源就再合适不过。货源的质量与性价比是一个店铺能够成功的关键因素。

五、商品拍摄、编辑与上架

拿到商品后，要进行商品拍摄工作，主要包括商品主图和细节图。由于消费者没办法直接接触和感受网店的商品，因此为了打消消费者的顾虑，上架需要向其展示商品实拍图。网店的实拍图一般都要求具有合规的尺寸和像素、好看、有细节、如实描述等特点。

拍摄好一定量的图片素材后，要进行图片编辑和优化，包含主图设计、详情页设计、海报设计等。主要用到photoshop等软件进行制作。

接下来就要进行商品编辑的工作，包含商品的标题、属性、价格、库存、运费模板、主图以及详情页等，编辑好之后点击"立即上架"即为上架成功，可以正式售卖了。

六、店铺运营和推广

店铺开设初期，流量和人气会比较低，此时就需要适当地营销推广。网店的推广和实体店不太一样，主要是通过网络渠道进行。淘宝本身有免费推广方式，比如SEO（搜索引擎优化）、微淘软文发布以及参加淘宝免费活动等，也有淘宝直通车等付费推广方式。除了通过淘宝平台自身引流之外，还可以通过微信、小红书、抖音等第三方平台进行推广引流。

七、订单咨询与发货

消费者在浏览店铺或咨询客服后支付了订单，则需要客服及时进行订单确认，确保消费者没有填错收货信息。确认完毕后，要在规定的时间内打包发货。卖家应尽快发货，选择正规的快递公司，保证寄送的速度和体验。

八、售后服务

售后服务是网店非常重要的工作，也是品牌和商品价值的直观体现。好的售后服务不仅可以为商品增值，还能扩大网店影响力，吸引回头客。售后服务包含技术支持、退款、退换货、处理评价与投诉等。

【活动设计】

在美丽的珠江河畔，溢香茶坊的店长小洪正在主持营业班前会，给茶师们讲述当天订位情况、营业的注意事项。其中，网络后台维护的负责人夏兰接到的近期新任务是：开设溢香茶坊的网上商店。

学生的学习活动即根据上述情境模拟进行。

一、活动组织

①将学生分成5人/组，一个为店长，其他为茶师。

②每组根据网上开店的流程进行练习。

③小组进行演示时，指定其中一个小组为检测员。

④进行流程总结，选出表现最优的小组进行演示。

二、安全与注意事项

①注意仪容仪表。

②结合实体店的实际情况开展网店活动。

③做好协调工作，记录特殊情况。

④安全使用计算机。

三、活动实施（见表1：网上开店活动说明表）

四、活动评价（见表2：网上开店活动检测表）

第二章 网店运营

【体验营】

溢香茶坊接到网络客户订单——20份母亲节伴手礼，请据此设计流程图。

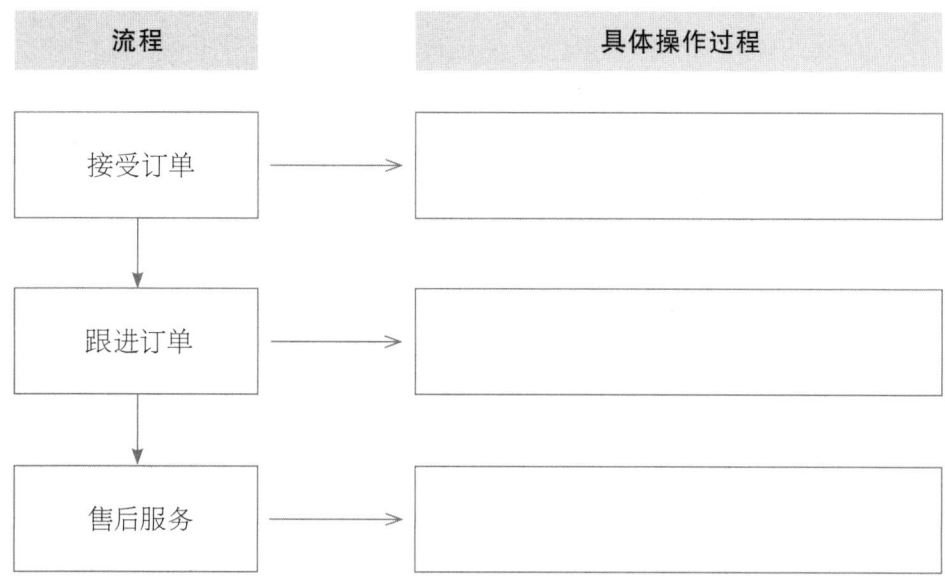

表1：网上开店活动说明表

序号	步骤	操作及说明	标准
1	开店前期准备	①讲述网店开设的一般流程。②根据网店开设流程进行小组分工。③进行市场分析。④收集开店注册的相关资料。	①开店的一般流程是否正确表述。②能明确小组分工的内容。③市场分析结论具有一定可行性。④网店开店资料准备齐全。
2	选择开店平台与货源	①分析与对比不同网店平台的优劣，选择合适的网店平台。②确定网店平台的货源。	①选择的网店平台符合茶企的实际情况。②选择的网店货源具备竞争力。
3	注册店铺并完成装修	①根据茶企的特色，确定店铺名称、logo。②根据平台指引注册网店。③装修网店首页模块。	①确定店铺的名称具有吸引力。②网店注册成功。③完成网店首页的基础装修，含网店招牌、导航栏、商品分类等。
4	进货	①选择网络进货渠道。②选择实体市场进货。	①网络渠道的选择正确。②实体店的货源性价比高。
5	商品拍摄、编辑与上架	①拍摄商品主图与细节图。②进行图片编辑和优化。③编辑商品的标题、属性、价格、库存、运费模板、主图以及详情页等。④点击"立即上架"。	①每个商品都拍摄了主图和细节图素材。②实拍图符合平台规定的尺寸和像素要求、好看、有细节、如实描述。③商品编辑完成度高。④商品成功上架。
6	店铺运营和推广	①发布微淘推广软文。②选择第三方平台进行推广引流。	店铺的流量和人气提升。
7	订单咨询与发货	①处理消费者咨询，促进成交。②确认订单。③打包发货。	①有成交的订单。②订单发货及时。
8	售后服务	①跟进物流情况。②提醒买家确认收货并给予好评。	①及时提醒买家确认收货并回复客户的问题。②获得买家好评。

第二章 网店运营

表2：网上开店活动检测表

茶艺师：　　　　　　　　　　　　班级：

序号	举证内容	举证标准	评判结果 是	评判结果 否
1	开店前期准备	①开店的一般流程是否正确表述。		
		②能明确小组分工的内容。		
		③市场分析结论具有一定可行性。		
		④网店开店资料准备齐全。		
2	选择开店平台与货源	①选择的网店平台符合茶企的实际情况。		
		②选择的网店货源具备竞争力。		
3	注册店铺并完成装修	①确定店铺的名称具有吸引力。		
		②网店注册成功。		
		③完成网店首页的基础装修，包含网店招牌、导航栏、商品分类等。		
4	进货	①网络渠道的选择正确。		
		②实体店的货源性价比高。		
5	商品拍摄、编辑与上架	①每个商品都拍摄了主图和细节图素材。		
		②实拍图符合平台规定的尺寸和像素要求，且好看、有细节，能如实描述。		
		③商品编辑完成度高。		
		④全部商品成功上架。		
6	店铺运营和推广	店铺的流量和人气提升。		
7	订单咨询与发货	①有成交的订单。		
		②订单发货及时。		
8	售后服务	①及时提醒买家确认收货并回复客户的问题。		
		②获得买家好评。		

检查人：　　　　　　　　　　　　时间：

第一节 日常维护

02 维护微信平台

【学习目标】
1. 能描述微信朋友圈营销的特点和策略。
2. 能借助微信朋友圈进行图文编写与发布。

【核心概念】
　　微信营销：是指商家通过微信平台进行产品或品牌的曝光、推广、销售、运营、粉丝维护等活动。常见的微信营销手段包括微信朋友圈营销、微信群营销、公众号营销等等。

【基础知识】
　　朋友圈是微信平台中十分重要的社交渠道。用户可以通过朋友圈发表文字、图片和视频，也可转发或分享喜欢的文章、音乐等。朋友圈社交便利，热度不减，已成为当前大众主流的社交方式。
　　对于商家而言，利用良好的朋友圈营销技巧，可以将商品和品牌较好地推广和销售出去，从而实现商业目的。商家可以在朋友圈发布一些有价值的内容，通过内容、互动和交流来传播理念，建立信任，建立个人品牌影响力，从而带动产品曝光和销售。
　　商家可根据自身情况和需要进行内容发布。其方法是：进入微信朋友圈界面，点击右上角相机图标，选择拍摄或从相机中选择图片和视频。完成照片与视频的拍摄或选取后，在打开的页面可输入文案，并可选择地点和阅读权限，然后单击右上角的"发表"，即可完成内容的发布。发布之后,朋友圈好友可以阅读该内容,并进行点赞、评论等互动。

一、朋友圈营销策略

在朋友圈中,有价值的内容需要尽可能满足以下条件:

- 将内容推送给合适的人。
- 把握推送时机。
- 拒绝刷屏。
- 内容长度适度。
- 商品数量适度。
- 内容巧借热点。
- 图文吸睛。
- 善用表情包。
- 适度的软广告。

二、朋友圈广告植入策略

对于商家来说,朋友圈很多都是客户或者潜在客户,也许互相并没有多少了解,也缺乏足够的信任。在这种情况下,如果直接打出硬广告,很可能收效甚微,甚至有负面效果。此时商家就需要运用朋友圈软文推广技巧,让消费者主动了解你和信任你,从而购买商品。下面讲解几种技巧,可合理植入朋友圈进行软广。

- 分享积极健康的生活点滴。
- 分享商品专业知识。
- 分享工作内容和环境。
- 分享使用效果。
- 分享客户的消费评价。
- 分享商家资质和品牌实力。

三、朋友圈活动营销策略

除了直接发布软广之外,商家还可设计互动活动,比如邀请好友转发、点赞、使用、互动等,其中转发和点赞比较常见,多表现为通过转发内容到微信朋友圈或者微信群,从而获得折扣、奖品、优惠券、红包等福利。如"转发图片至朋友圈参与活动,即可有机会免费获得价值××元的丰厚礼品",以及"转发并获得××个赞,即可获得××元现金红包,截图有效哦!"等。

在设计朋友圈活动时,商家可通过海报、图片等形式来传达活动的相关信息,如活动时间、参与条件和流程等。

四、朋友圈客户维护策略

维护良好的客群关系是开展朋友圈内容营销的前提，它有助于商家快速获得好友、客户、亲戚的支持，从而提高营销效果。总之，建立情感和信任关系是朋友圈营销的重要基础。商家要积极与客户交流问好；当发布内容后，客户咨询时应给予及时耐心的回复；当客户发朋友圈时，不要只做旁观者，要做参与者，积极点赞、评论客户，做客户的朋友。

五、组建社群，打造粉丝经济

社群是一种新的人际关系网络，是依据人们的兴趣爱好、职业身份、共同价值观和需求而建立起来的网络圈子。如从事证券分析的人会在相关证券金融群交流信息，从事产品研发的人会在产品经理群学习互助，热爱登山的人会在户外登山群讨论活动等。网络社交平台的普及和发展，使网络营销逐步走向平台化、社群化、互动化，这为社群营销提供了广阔天地。如今是粉丝经济时代，组建和经营社群能够帮助商家打造粉丝经济，充分发挥粉丝力量，因此，对商家来说，社群营销的作用万万不可忽视。

社群平台有很多种，比如QQ群、微信群、陌陌群等。以微信社群为例，通常来说，组建社群并开展社群营销，打造粉丝力量，有这么几个重要步骤：

明确社群定位。不同的社群有不同的价值和定位，社群定位要根据社群的类型、商家性质、服务人群来选择。在建立社群前，商家要考虑清楚社群目的，比如销售商品、售后服务、拓展人脉、打造品牌、提升影响力等，才能更好地对社群进行定位。

创建微信群，吸引精准用户。每个商家都想以最少的成本获得更多的效益，那就必须懂得精准营销。而精准营销最重要的前提是找到精准用户。创建微信群就是要聚集精准用户，进行用户内容和社群运营，才能获得事半功倍的效果。

维护微信群活跃度。好的微信群活跃度较高，互动率也高，社群价值大，通过持续有规律地输出有价值的内容、发布群员福利、组织线上线下社群活动等，能够有效提高社群凝聚力，提高粉丝忠诚度，进而提升品牌影响力和产品销售力。

打造社群口碑。口碑是社群最好的宣传手段，社群口碑和品牌口碑一样，都必须依靠好产品、好内容、好体验、好服务来支撑，并经过不断积累和沉淀才能形成。有好口碑的社群，才能发挥粉丝的力量，打造粉丝经济。

策划社群营销活动。策划和开展社群营销活动是保持社群活力和生命力的必要手段，也是加强社群成员情感联系、品牌认可度和忠诚度的有效方式。社群活动的形式丰富多样，分享、讨论、打卡签到、福利、红包雨、聚会等都是社群活动的常见方式。经常性地开展社群活动，对社群运营有非常大的帮助。

第二章 网店运营

【活动设计】

在美丽的珠江河畔，溢香茶坊的茶师们倾听店长小洪对朋友圈营销的特点和优点进行讲解后，纷纷分享了自己的朋友圈营销经验。

学生的学习活动即根据上述情境模拟进行。

一、活动组织

①将学生分成5人/组，一个为店长，其他为茶师。

②每组根据要求对朋友圈的营销策略与技巧进行练习。

③小组进行演示时，指定其中一个小组为检测员。

④进行朋友圈营销策略总结，选出表现最优的小组进行演示。

二、安全与注意事项

①整理好仪容仪表。

②及时对店面的最新营销策略进行解释。

③做好协调工作，记录特殊情况。

④安全使用计算机。

三、活动实施（见表1：微信朋友圈营销活动说明表）

四、活动评价（见表2：微信朋友圈营销活动检测表）

【体验营】

溢香茶坊在朋友圈中推出节日（年货节）优惠活动。

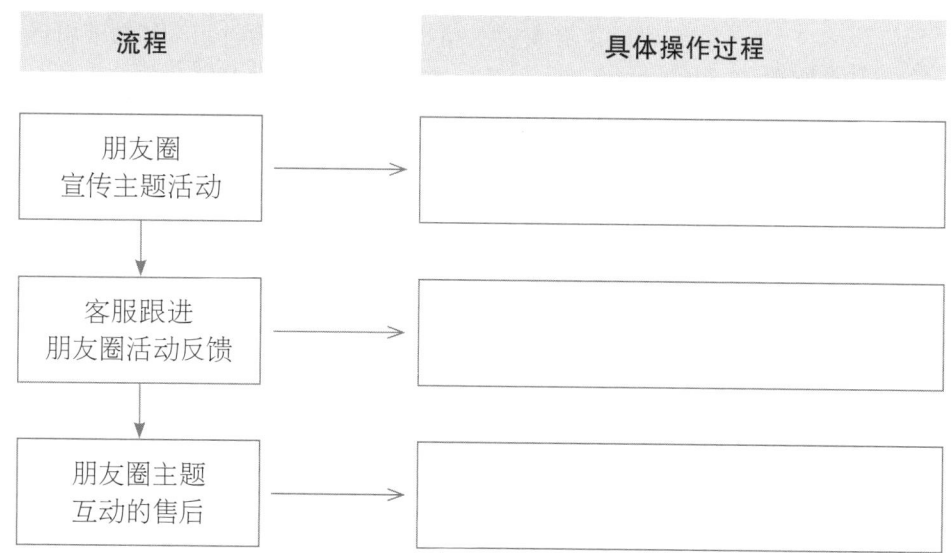

表1：微信朋友圈营销活动说明表

序号	步骤	操作及说明	标准
1	朋友圈广告植入策略	①分享积极健康的生活点滴。 ②分享商品专业知识。 ③分享工作内容和环境。 ④分享使用效果。 ⑤分享客户的消费评价。 ⑥分享企业资质和品牌实力。	①发布至少6条朋友圈软文内容。 ②客户的点赞量提升。 ③客户的微信咨询量提升。 ④客户的留言量提升。 ⑤来自朋友圈渠道的商品销量提升。
2	朋友圈活动营销策略	①确定朋友圈互动主题。 ②通过海报内容来说明活动的相关信息。 ③邀请好友转发、点赞。 ④展示相关活动奖品。	①主题鲜明，有吸引力。 ②海报设计符合主题。 ③内容转发量、点赞量达到目标值。 ④客户使用活动奖品的评价好。
3	微信客户关系维护策略	①接受客户微信咨询。 ②对优质客户要及时点赞和评论。 ③主动关怀客户，妥善处理售后问题。	①及时正确地回复和处理客户咨询的问题。 ②客户反馈与评价较好。
4	社群营销策略	①明确社群定位。 ②创建微信群，吸引精准用户。 ③维护微信群活跃度。 ④打造社群口碑。 ⑤策划社群营销活动。	①社群定位明确。 ②微信群有一定量的精准用户。 ③微信群活跃度较高。 ④社群成员主动转发和介绍新客户。 ⑤开展一次良好的社群活动。

表2：微信朋友圈营销活动检测表

茶艺师： 班级：

序号	举证内容	举证标准	评判结果 是	评判结果 否
1	朋友圈广告植入策略	①发布至少6条朋友圈软文内容。		
		②客户的点赞量提升。		
		③客户的微信咨询量提升。		
		④客户的留言量提升。		
		⑤来自朋友圈渠道的商品销量提升。		
2	朋友圈活动营销策略	①主题鲜明，有吸引力。		
		②海报设计符合主题。		
		③内容转发量、点赞量达到目标值。		
		④客户使用活动奖品的评价好。		
3	微信客户关系维护策略	①及时正确地回复和处理客户咨询的问题。		
		②客户反馈与评价较好。		
4	社群营销策略	①社群定位明确。		
		②微信群有一定量的精准用户。		
		③微信群活跃度较高。		
		④社群成员主动转发和介绍新客户。		
		⑤开展一次良好的社群活动。		

检查人： 时间：

第二节 网络客服

01 网络接单

【学习目标】

1. 能描述网络接单的一般流程和环节。
2. 了解应对买家购物咨询和促成订单的知识。
3. 能根据买家的订单信息，及时确认订单详情。

【核心概念】

网络接单：是指客服在网络平台比如网店或微信上接受买家咨询、回复客户疑问并促成订单交易的过程。

【基础知识】

消费者在网络平台上购物时是有一定的流程和环节的。商家想要通过网络接单，那么就需要认真了解消费者的购物流程，并转化成自己的网络接单工作流程，才能使客服人员明确工作内容，掌握重要工作环节，从而较好地应对买家咨询，最终促成交易。网络接单流程如图所示。

明确了网络接单流程，我们的客服人员就要从客户体验的角度来规范和要求自己的工作。从网络接单流程图中可以发现，第三个环节是客服人员最重要的工作，主要是应对买家咨询和促成交易。在这个环节中，客服人员应注意：

一、提供良好的服务态度体验

热情。热情是一个人在某种情境下，对某个人或者某群体表现出来的友好、愉悦的态度与情绪。不同于实体店客服人员，网络客服没有办法和买家面对面交流，只能通过键盘敲打的文字来让买家感知自己的热情。那么到底该怎么做呢？

第二章 网店运营

首先，不能用简短字词回答买家的问题，要在表达清晰的情况下，传递适量的文字内容。

其次，不能长时间无响应，冷漠迎客。在聊天工具上，快速及时地回复客户的问题，解答疑问，既体现了客服的热情，也展示了客服的专业度，提升买家体验感。

最后，切忌过度热情做作。在和买家交流答疑时，要保持分寸，既不能太过冷漠，也不能太过热情，以免引起买家交流不适。

礼貌。在与客户的交流过程中，热情友好的聊天氛围可以拉近和买家的距离。但这种热情绝不意味着把买家当朋友般那样肆无忌惮地玩笑逗乐，而是建立在对客户的礼貌之上。也就是说，网络客服应该明白什么话该说，什么话不能说。礼貌的话语可以让买家感受到被尊重感。

耐心。在客服工作中，耐心是必不可少的工作要求和品质。在新产品的接受过程中，买家总会出现怀疑或挑剔心理。面对买家的质疑，客服要时刻保持耐心，要以理服人，耐心答疑和解释，消除买家的疑虑和担心，这样才能促成买家下单购买。买家甚至会因为客服的耐心服务而成为忠实客户。

尊重。客服给予买家足够的尊重，能让买家获得被重视感，提升服务体验。客服可以通过尊重买家的提问、不随意打断买家的言谈、尊重买家的选择等方面来服务买家。

二、提供良好的商品知识服务体验

网络客服的商品知识专业性是指对自己所售商品的知识的掌握程度。包括对商品质量的了解、对商品使用功能的掌握、对商品使用注意事项的说明等。

网络客服对商品越了解，解答买家疑问时就越容易获得买家信任，从而提升整体服务体验，促成订单交易。

三、提供良好的商品促销服务体验

网络客服的商品促销专业性是指在网络平台上的商品促销能力的表现程度。它包括对网络平台规则和工具的熟练掌握，以及促销意识和能力的体现。网络客服只有不断提高商品促销能力，让买家获得良好的促销服务体验，帮助买家买到实惠便捷的商品，才能更好地提高买家咨询下单率和满意度。

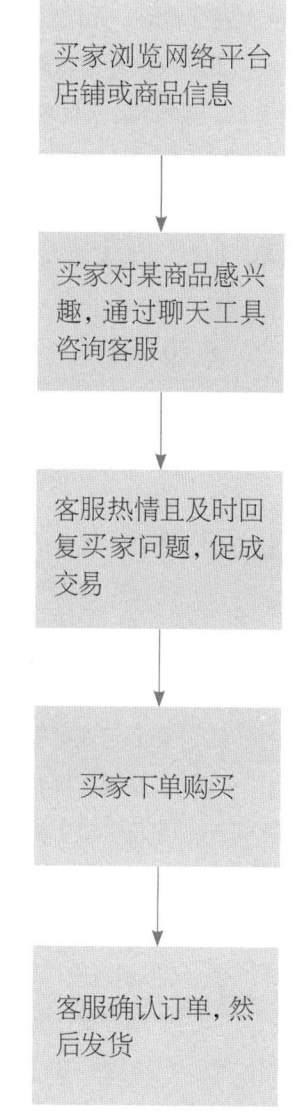

网络接单流程

茶馆经营与管理

网络接单流程图中的第五个环节是客服确认订单并发货。也就是说，买家进店拍下商品并成功付款后，就是等待卖家发货。考虑到在网店交易过程中，不少订单是因为买家地址输入错误或商品拍错，才导致退换货情况的发生，因此，在发货前与买家确认订单详情是非常必要的。

客服与买家确认订单信息的方法很简单，直接在千牛工作台（淘宝、天猫商家的工作管理平台）中与买家交流即可。若有需要修改的信息，也可在千牛工作台中操作。完成后再次进行确认，无误后即可进行后续操作。

下面以淘宝平台确认订单为例来说明其具体操作：

步骤1：买家付款后，客服单击千牛工作台右侧的"订单"选项卡中的"地址"按钮，即可在打开的列表框中看到买家填写的地址。单击"发送地址"按钮，买家地址将自动添加到消息发送区域。然后按Enter键或单击发送按钮，即可将该消息发送给买家。

步骤2：买家收到确认地址的消息，回复无误后，客服即可准备发货。

【活动设计】

在美丽的珠江河畔，溢香茶坊的店员小兰在企业电子商务平台对接客户需求。

学生的学习活动即根据上述情境模拟进行。

一、活动组织

①将学生分成5人/组，一个为店长，其他为茶师。

②每组根据平台订单处理的实训工作要求进行练习。

③小组进行演示时，指定其中一个小组为检测员。

④进行平台接单服务总结，选出表现最优的小组进行演示。

二、安全与注意事项

①整理好仪容仪表。

②及时对店面的最新营销策略进行解释。

③做好协调工作，记录特殊情况。

④安全使用计算机。

三、活动实施（见表1：网络订单处理活动说明表）

四、活动评价（见表2：网络订单处理流程检测表）

第二章 网店运营

【体验营】

溢香茶坊接到网络客户订货申请单，小兰跟进服务。

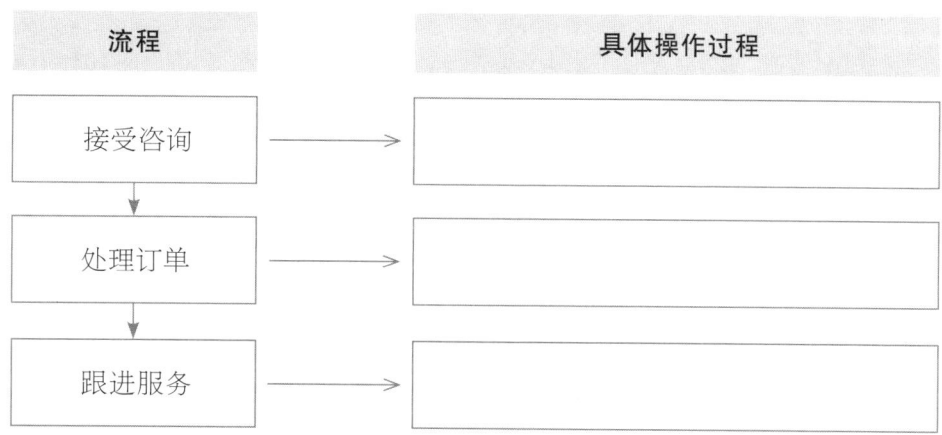

表1：网络订单处理活动说明表

序号	步骤	操作及说明	标准
1	接受咨询	①客户主动咨询商品。 ②积极解答。 ③帮助客户选择商品。	①态度热情，礼貌问好。 ②耐心解答。 ③协助客户选择商品。 ④尊重客户的选择。
2	促成交易	①主动协助客户下单。 ②促成交易。 ③记录交易过程。 ④签名确认。	①主动热情。 ②促成交易。 ③记录交易过程。 ④签名确认。
3	确认订单	①确认商品类型、数量、价格。 ②确认客户收货地址、联系电话。 ③与客户确认订单信息。 ④记录订单信息。 ⑤签名确认。	①确认商品类型、数量、价格。 ②确认客户收货地址、联系电话。 ③与客户确认订单信息。 ④记录订单信息。 ⑤签名确认。

表2：网络订单处理流程检测表

茶艺师： 　　　　　　　　　　班级：

序号	举证内容	举证标准	评判结果	
			是	否
1	接受咨询	①态度热情，礼貌问好。		
		②耐心解答。		
		③协助客户选择商品。		
		④尊重客户的选择。		
2	促成交易	①主动热情。		
		②促成交易。		
		③记录交易过程。		
		④签名确认。		
3	确认订单	①确认商品类型、数量、价格。		
		②确认客户收货地址、联系电话。		
		③与客户确认订单信息。		
		④记录订单信息。		
		⑤签名确认。		

检查人： 　　　　　　　　　　时间：

第二章 网店运营

第二节 网络客服
02 打包发货

【学习目标】

1. 能描述茶品包装的基本原则。
2. 能根据买家的个性化需要,选择合适的物流服务。
3. 能描述网店发货的操作流程。

【核心概念】

商品打包:指将商品包装后交给取件的快递人员。打包的重点是商品包装。商品包装不仅方便运输,同时也是对商品在物流运输过程中的一种保护。客服人员在打包商品时,要先了解商品打包的原则,并掌握商品包装的材料和技巧,以提高物流质量,增加买家好感度。

【基础知识】

一、茶品包装原则

茶品包装应遵循以下原则:

● 不易拆封原则。为了减少商品在运输中因碰撞、甩撞而造成损毁的情况,需要使用具有抗撕裂、抗戳穿等性能的硬质外包装,如纸箱、文件封、包装胶袋等,再用胶带为商品进行密封。在密封过程中,客服应使用胶带封缠住箱子的所有开口位置,以避免商品在运输中从箱内掉落,也能预防一些素质较低的快递员私自拆封。

● 无损商品原则。商品在运输过程中损耗性极大,尤其对于一些易碎商品,客服在包装时,就要预防商品在运输途中可能存在被损坏的危险。客服需要学习内包装和包裹的正确方法:在包装盒内放置一些具有缓冲效能的填充物,如珍珠棉、泡沫、纸卡等,以便商品在包装盒内能够基本保持固定。

● 礼貌提示原则。快递工作是一个环节紧接着一个环节的，客服若是想对运输这件商品的所有快递员的工作都进行追踪，显然是不可能的，那么应如何将我们的要求传递给他们呢？可以在外包装上贴上一些轻松幽默的温馨提示贴纸，如"加急""易碎品""辛苦您了"等，不仅可以让快递员感受到网店的诚意，还能将我们的需求第一时间传递给负责商品运输的快递员。

二、选择适合的物流公司

选择适合的物流公司，应根据以下原则来进行：

● 了解自己所在区域有哪些物流公司。一般来说，顺丰、申通、圆通、中通、韵达、EMS是网点较为普遍的物流公司，也是淘宝平台的主流物流服务商。

● 选择安全性高的物流公司。在商品运输环节，最让买卖双方为难的就是物流的漏件与损坏，所以网点在挑选物流公司时最好选择具有一定规模、网点分布较广的公司。这类物流公司发展较为完善，可以避免很多后顾之忧。

● 选择费用合理的物流公司。一般来说，天天、优速等物流价格较为便宜；"三通一达"价格相差不大，价位中等；EMS价格较高，顺丰价格最高。

● 选择发货速度较快的物流公司。网络购物的客户，通常对物流速度快慢与否非常在意，物流速度快，会很容易赢得买家的青睐，从而留住客户，将新客户培养成老客户；反之，则容易引起买家的不满甚至投诉。物流公司的时效体现在取件和配送两个方面。

● 选择服务质量较好的物流公司。客户在购物的整个环节都应享受优质的服务，物流也不例外。所以，要选择具备服务行业精神、遵守服务行业准则的物流公司。质量好的物流服务，会给买家带来舒适的服务体验，从而增加买家对网店的好感度。

网店可以根据以上内容进行综合评估，选择1~2家物流公司作为常规合作对象，并根据买家的实际需要进行考虑。若买家位于较偏远的地区或买家指定某一家物流公司，应在不损害买家利益的前提下与其共同协商，确定发货的物流公司。

确认好物流公司后，客服人员应即刻致电通知物流公司前来取件，向对方说明快递内容，包括产品名称、重量，以及是否容易破损、变质等，方便物流人员判断取货应该使用的工具、携带的免单数量、是否需要包装等。

同时，为了保证商品及时到达买家手中，如果有加急件，客服人员应明确告知物流人员，并在快件上备注；如果有贵重物品，为了保证商品的安全，应选择EMS并进行报价，从而保障客户的利益。在选择其他物流服务时，要有购买保险的意识，并充分了解其理赔服务。此外，还可对物品进行保护性包装，在包装箱上标注"易碎""防潮"等字样，叮

第二章 网店运营

嘱物流公司注意保护等。

三、及时发货

淘宝规定，买家付款后，卖家要及时发货，一般情况下，必须在72小时内发货，如果迟迟不发货或者延迟发货，将承担相应的损失。在淘宝网后台设置发货的具体操作如下：

步骤1：在"卖家中心"页面中单击"已卖出的宝贝"超链接。

步骤2：在打开的"已卖出的宝贝"页面中，可查看所有的订单。在交易状态为"买家已付款"的订单中单击"发货"按钮。

步骤3：打开发货页面，确认收货信息及交易详情、发货/退货信息无误后，在"第三步 选择物流服务"栏中选择一种发货方式。选择"自己联系物流"选项卡，在上面输入运单号，并选择快递公司，然后单击"发货"按钮即可。

步骤4：此时页面将显示"恭喜您，操作成功"的信息，提示卖家已成功发货。

步骤5：返回"已卖出的宝贝"页面，可以看到订单的交易状态已变更为"卖家已发货"。

步骤6：发货成功后，客服应及时跟踪物流，保证商品物流进度正常。可在"已卖出的宝贝"页面，单击需要查看物流信息的订单的"详情"超链接。

步骤7：打开"交易详情"页面，选择"收货和物流信息"选项卡，即可在其中查看当前订单的物流信息。

步骤8：知悉物流进度后，即可回复买家，如"亲，宝贝已经在路上了，请耐心等待，不日将会送到您手中。""亲，宝贝已经到达您所在城市，现在正在抓紧派送哦！"或"亲，宝贝物流一切正常，2天内应该可以收到哦"等。

【活动设计】

在美丽的珠江河畔，溢香茶坊的店员小兰根据网络平台订单，进行茶品打包发货操作。

学生的学习活动即根据上述情境模拟进行。

一、活动组织

①将学生分成5人/组，一个为店长，其他为茶师。

②每组根据网络订单茶品打包发货操作流程进行练习。

③小组进行演示时，指定其中一个小组为检测员。

④进行流程总结，选出表现最优的小组进行演示。

二、安全与注意事项

①注意仪容仪表。

②及时对店面的最新营销策略进行解释。

茶馆经营与管理

③做好协调工作,记录特殊情况。

④安全使用计算机。

三、活动实施(见表1:茶品打包发货流程说明表)

四、活动评价(见表2:茶品打包发货流程检测表)

【体验营】

溢香茶坊接到网络客户订单,茶师小兰负责发货。

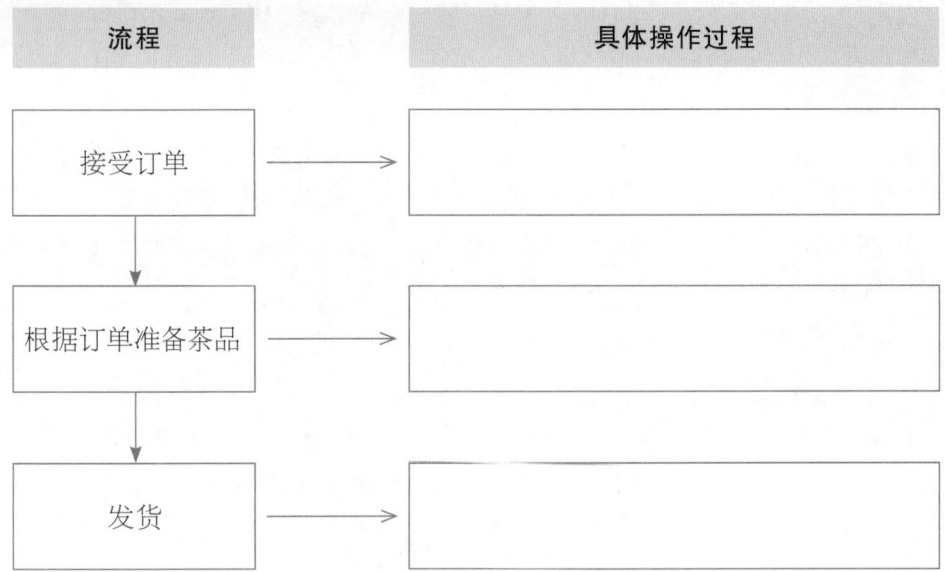

第二章 网店运营

表1：茶品打包发货流程说明表

序号	步骤	操作及说明	标准
1	包装茶品	①使用环保材料包装茶品。 ②在包装盒内放置具有缓冲效能的填充物。 ③在外包装上贴上轻松幽默的温馨提示贴纸。	①包装符合环保要求。 ②包装盒有缓冲物品。 ③外包装贴有提示语。
2	选择物流公司	①根据客户要求，选择物流公司。 ②向物流公司发单，通知快递员上门取件。	①主动了解客户的物流需求。 ②物流单的填写正确。 ③及时通知快递员取件。
3	发货	①在72小时内发货。 ②网店订单应按照网店发货流程操作。	①在规定时间内发货。 ②网店订单发货流程操作正确。

表2：茶品打包发货流程检测表

茶艺师： 班级：

序号	举证内容	举证标准	评判结果 是	评判结果 否
1	包装茶品	①包装符合环保要求。		
		②包装盒有缓冲物品。		
		③外包装有贴提示语。		
2	选择物流公司	①主动了解客户的物流需求。		
		②物流单的填写正确。		
		③及时通知快递员取件。		
3	发货	①在规定时间内发货。		
		②网店订单发货流程操作正确。		

检查人： 时间：

茶馆经营与管理

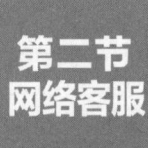

第二节 网络客服

03 跟踪服务

【学习目标】

1. 能讲述主动沟通和跟踪服务的意义。
2. 能根据客户的要求，提供商品售后服务。

【核心概念】

跟踪服务：指对客户收到货后的主动询问、信息反馈以及售后服务等服务环节。客户的跟踪服务环节是商品服务管理环节非常关键的步骤。客户收到商品，绝不意味着客户服务的停止。

【基础知识】

一、主动做好信息反馈

客户的信息反馈环节是商品服务管理的关键步骤之一。客户收到商品，绝不意味着客户服务的停止。客户购买商品后，必然会产生体验，例如收到的商品是否完整无缺，商品体验是否正常，对于商品和服务是否满意，等等，这些问题都是客服应主动询问和沟通的。在客户收到商品的一个星期内，客服可以通过阿里旺旺或者电话，以轻松的聊天方式主动询问客户对商品的使用情况。

主动询问客户，可以让客户感受到商家对自己的关怀，这样的话，即使商品存在一些小瑕疵、小问题而导致客户产生不良体验感，也会因为商家的主动关怀而大大降低甚至忽略。

二、普通售后问题处理

普通售后问题处理也是跟踪服务环节中的常规工作，是客服的日常工作内容。它主要包括退换货、无理由退款、纠纷处理、中差评处理等。客服在处理售后问题时一定要保持足够的耐心，认真了解客户的诉求，灵活理智地处理好售后问题，进一步赢得客户的信赖和好感，从而吸引更多回头客，提高订单销量与销售额。

以下为普通售后问题的常见处理方法：

1. 正常退换货

正常退换货是指客户在收到商品后，由于商品质量、发错商品、7天无理由退换货等原因，要求店铺在不低于原价格的基础上退换商品。一般来说，为了避免纠纷，正常退换货的相关信息在商品详情页要清晰说明，尤其是运费方面的说明。

网络客服在旺旺或者微信上收到客户的退换货要求后，要及时和客户进行友好沟通，询问客户退换货的具体原因，同时安抚客户的不良情绪，符合退换货条件的要尽快给客户退货或者换货。与此同时，要记得备注跟进。

2. 未发货前要求退款

有些客户在支付商品订单后，在商家还未发货的情况下就申请退款。这种情况下，客服可以主动联系客户，了解退款原因，适当条件下可以给予一定的优惠（比如赠品形式）来挽回流失订单，促使客户撤销退款。如果客户坚持要退款，那就应立即予以处理。

3. 收到货后要求退货退款

当网络客服遇到客户收货后要求退货退款的情况时，应根据客户要求先查明原因，掌握买家的实际意图，找到问题，解决问题。对于在可退、可换两可之间的客户，联系沟通后应尽可能将退款转化为换货，从而减少退款率。

三、售后纠纷处理

客户在收到货后，与商家产生纠纷的原因主要有以下几种情形：

1. 产品质量问题

比如产品质量没有如实描述，或者夸大宣传，导致买家收到货后发现不符合心理预期，从而导致投诉或纠纷。

在客户购买阶段，客服应有意识地降低客户对产品质量的心理预期。客户收到货后，面对客户因产品质量引起的纠纷，客服应：①尽可能满足客户的需要，倾听客户的抱怨和意见；②让客户以图为证；③在向客户解释时为自己留有余地，尽可能不用"一定""绝对"等确定性的词语。

2. 产品价格对比问题

价格是客户在购物环节中非常关注的因素。如果客户刚买的商品突然降价，且降价幅度不小，肯定会觉得自己被坑了，认为商家不够诚信，甚至因此而投诉。

其实商品价格变动是很正常的事。当客户咨询商品、有意愿购买时，如果店铺的商品

茶馆经营与管理

价格将有较大变动或者店铺有什么活动，客服应如实告知，以便客户选择购买时间，这样即可提前预防因价格原因而导致的纠纷。如果商品的价格差异时间很短且客户无法接受，客服可通过赠送小礼品的方式进行补偿。总之，虽然商品价格的涨跌是正常现象，但客服仍要学会站在客户的角度体谅对方的心情。

3. 物流问题

客户支付订单后，最怕的是遇到商品在快递途中遇到问题。比如发货延迟、速度太慢、发错货或是商品有破损等。一旦出现问题，有的客户会因难以接受而投诉。

4. 货源问题

客户支付订单后，倘若隔了好几天才被告知该商品缺货或者发不了货，肯定会心怀不满。所以商家要做好进货工作，确保货源稳定，万一出现缺货或者断货问题，要及时告知客户，若客户无法接受等待时间，则需要为客户进行退款处理。对于给客户造成时间和精神方面的损失，要主动给予一定的赔偿，从而杜绝不必要的纠纷。

总而言之，客服在日常工作中对售后问题一定要按照以上原则及时、正确地处理，做好商品的售后跟踪服务。

【活动设计】

在美丽的珠江河畔，溢香茶坊的店员小兰完成了网络平台订单的发货后，根据客户的反馈进行跟踪服务。

学生的学习活动即根据上述情境模拟进行。

一、活动组织

①将学生分成5人/组，一个为店长，其他为茶师。

②每组根据售后服务的实训工作要求进行练习。

③小组进行演示时，指定其中一个小组为检测员。

④进行售后跟踪服务总结，选出表现最优的小组进行演示。

二、安全与注意事项

①注意仪容仪表。

②及时对店面的最新营销策略进行解释。

③做好协调工作，记录特殊情况。

④安全使用计算机。

三、活动实施（见表1：网络销售售后服务活动说明表）

四、活动评价（见表2：网络销售售后服务活动检测表）

第二章 网店运营

【体验营】

溢香茶坊接到客户退货申请单，小兰跟进服务。

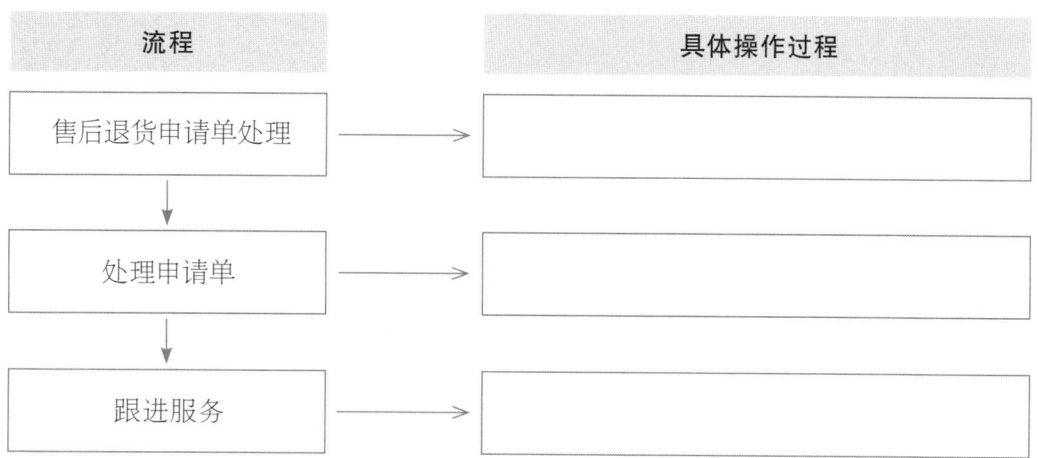

表1：网络销售售后服务活动说明表

序号	步骤	操作及说明	标准
1	正常退换货	①与客户沟通退换货原因。 ②记录退换货原因。 ③按照退换货流程处理客户要求。 ④备注最终处理情况。 ⑤签名确认。	①态度诚恳。 ②能站在客户的角度进行交流。 ③退换货的处理流程正确。 ④记录退换货原因。 ⑤签名确认。
2	未发货前要求退款	①主动联系客户，了解退款原因。 ②尝试挽回流失订单。 ③促使客户撤销退款。 ④挽回失败应马上退款。 ⑤记录退款原因。 ⑥签名确认。	①主动联系客户，了解退款原因。 ②尝试挽回流失订单。 ③促使客户撤销退款。 ④挽回失败应马上退款。 ⑤记录退款原因。 ⑥签名确认。
3	收到货后要求退货退款	①查明退货原因。 ②了解客户的实际需求。 ③帮助客户解决退货的问题。 ④尝试改为换货。 ⑤换货失败应马上处理退货。 ⑥记录退货情况。 ⑦签名确认。	①查明退货原因。 ②了解客户的实际需求。 ③帮助客户解决退货的问题。 ④尝试改为换货。 ⑤换货失败应马上处理退货。 ⑥记录退货情况。 ⑦签名确认。

表2：网络销售售后服务活动检测表

茶艺师：　　　　　　　　　　班级：

序号	举证内容	举证标准	评判结果	
			是	否
1	正常退换货	①态度诚恳。		
		②能站在客户的角度进行交流。		
		③退换货的处理流程正确。		
		④记录退换货原因。		
		⑤签名确认。		
2	未发货前要求退款	①主动联系客户。		
		②了解退款原因。		
		③尝试挽回流失订单。		
		④挽回失败应马上退款。		
		⑤记录退款原因。		
		⑥签名确认。		
3	收到货后要求退货退款	①查明退货原因。		
		②了解客户的实际需求。		
		③帮助客户解决退货的问题。		
		④尝试改为换货。		
		⑤换货失败应马上处理退货。		
		⑥记录退货情况。		
		⑦签名确认。		

检查人：　　　　　　　　　　时间：

第三章

创业策划

茶馆经营与管理

第一节 发现商机

【学习目标】

1. 能明白茶产业的背景及茶馆发展的趋势。
2. 能根据茶馆的发展趋势和自身经济状况，找到开店时机。

【核心概念】

创业：创业者发现商机并采取实际行动将其转化为具体的社会形态，进而获得利益，实现价值的过程。所谓茶馆创业，则是创业者根据茶馆的发展趋势及自身的经济状况等，在茶产业发现茶商品的经营商机，并结合茶馆市场分析进行形象定位，进而采取适当的经营模式进行创业的过程。

【基础知识】

在当今的多元形势下，茶馆的创业商机在哪里？如何在充满机遇和挑战的现状中，发现创业商机？具体如下图：

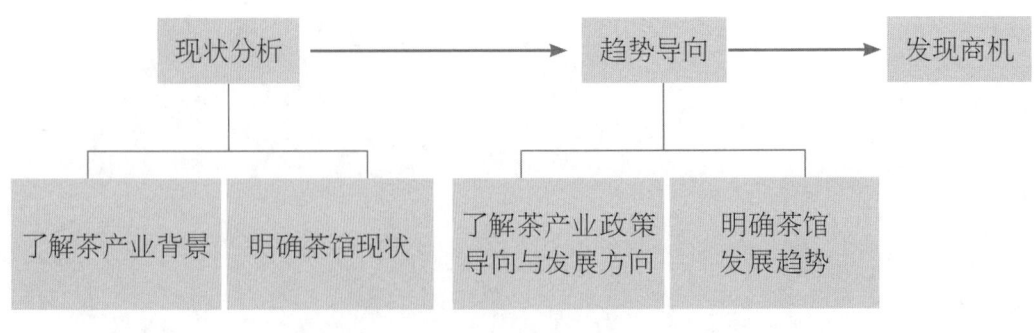

发现茶馆创业商机

第三章 创业策划

一、了解茶产业的背景

1. 产业规模继续扩张，产业结构逐步调整

自2000年至今，我国茶园面积出现了快速扩张，截至2020年，全国18各主要产茶省（自治区、直辖市）茶园总面积4747.69万亩，增长率3.26%。其中，可采摘面积4152.18万亩，同比增长率12.5%。同时，随着茶叶市场的创新需求剧增，茶叶饮用方式和功能更加多样化，茶叶衍生品市场备受重视，茶产业结构有所调整。国内的消费结构中，传统主流茶类绿茶仍占重要的领先地位，但它与乌龙茶的整体销量出现下滑趋势。而红茶以调味红茶、冰饮等方式打开国外市场，出口涨幅较大，发展潜力巨大。同时，黑茶的保健功效逐步为更多大众所认识、接受（见第Ⅻ页图①）。

2. 产业组织整合加速，经营模式创新发展

早期的茶企许多都是由茶农发展而来，多以传统的茶叶销售等经营模式为主，在勤劳、肯干的名片背后，也存在着小农思想的阴霾。而随着现代互联网营销的发展，这种传统的经营模式容易出现脱离市场需求、被市场淘汰的情况。相较而言，部分在经营初期即已注重市场、慢慢积累品牌影响力的企业则实现了高速发展，产业组织整合加速。整体而言，互联网+时代对茶企的经营模式提出了挑战，要求其更加多元化，再加上优秀的商业模式不断跨界引入，创新发展，涌现了如吴裕泰、小罐茶、茶仕利等新兴的特色经营模式（见第Ⅻ页图②、图③）。

3. 市场需求持续放缓，产业发展动能不足

茶叶市场近年来的市场形势较为严峻。由于茶叶产业规模扩张过快，而茶叶市场消费需求增长又动力不足，这种"产能过快增长"与"需求平稳增加"不相匹配的速度，势必将加剧茶叶市场的供求矛盾。整体茶叶市场需求疲软，部分地区存在滞销的情况，这使得部分茶企不得不压缩利润空间，茶叶市场售价持续走低，如春茶价格出现连续4年下滑的趋势。但这并不能从根本上缓解供求矛盾，特别是随着采摘工紧缺，人工成本提高等因素，茶叶生产成本正在不断抬升。如何处理好茶叶销售价格低迷与生产成本抬升之间的矛盾，终将成为部分茶企能否生存的关键所在。

二、明确茶馆现状

1. 茶馆数量众多，但缺乏头部品牌

"十三五"期间，是全国茶馆发展速度最快、经济效益最好的时期，截至2019年，茶馆数量已达到20万家。但相较于新式茶饮店，传统茶馆无论在品牌知名度、单店经营规模、连锁店数量方面都缺乏头部品牌。行业内大多数都是单店经营的小规模茶馆，老客户数量在100人以下的茶馆占行业的大多数。顾客平均消费较为分散、单店年度营业额不高、

毛利率偏低、成本偏高，经营不确定较大，成为茶馆扩张的"拦路虎"。

2. 经营同质化严重，市场竞争加剧

随着现代社会的发展，茶馆的空间聚集功能降低，原有的社会文化功能被逐渐削弱，许多茶馆成为"为卖茶而卖茶"的单一提供茶水服务的经营场所。大多数茶馆同质化严重，不管是装修风格、茶叶品种还是经营模式，都较为相近。而新式茶饮市场异军突起，茶饮料、预装饮料、咖啡等同业竞争加剧，茶馆行业不能适应经济社会发展需求的问题更加突显。

3. 投资成本高，连锁化程度低

茶馆提供具有文化内涵的社区服务和休闲服务，需要营造独特的环境氛围，这使得茶馆平均投资额偏大，基本都超过了同等规模的餐饮店和新式茶饮店。由于茶馆行业的平均投资回报期超过了2年，且近年来的房租费用、用工成本不断上涨，茶叶及配套产品又存在囤货压力，这些都对茶馆投资者提出了考验。同时，茶馆行业因类型繁多，注重服务软实力等特点，标准化难度高，使得茶馆连锁化较低。

4. 服务日趋规范，跨业态融合增加

随着商务部【2014第23号】《茶馆等级划分与评定》的发布，全国茶馆在相关标准及服务指南的引导下，经营管理更加规范，服务流程更加标准。《2021中国茶馆行业发展报告》中指出，自2015年启动茶馆等级评审工作以来，截至目前，全国共评出五星级茶馆233家，四星级茶馆78家，三星级茶馆37家，二星级茶馆9家。2020年新冠肺炎疫情暴发，全国茶馆行业销售额受到明显冲击，茶馆的发展进入了艰难的"静默期"，如何更好地降低成本，积蓄力量，减少疫情冲击，成为目前茶馆业的破局关键。在这样的高压下，催生了茶馆行业内的大检视、大调整，部分茶馆出于生存或发展的需求，从单一的清茶馆逐步转型为复合型茶馆，将多业态与茶馆相互融合，通过增加产品种类、服务内容，创造更大的利润空间。

三、了解茶产业政策导向与发展方向

在这样严峻又充满机会的产业背景下，中国农科院茶叶研究所茶业经济研究中心、国家茶叶产业技术体系产业经济研究室的陈富桥博士，曾对我国接下来为更好地引导茶产业发展的政策导向和发展方向作了以下解读：

1. 稳定规模，控制总量

在茶产业规模急速扩张，出现产能过剩的情况下，我国政策上通过"1稳3提高"进行调节，抑制盲目发展。"1稳"指的是继续稳定茶产业的发展规模，控制产能增长速度，进而控制茶叶总产量。"3提高"指的是提高茶叶的质量效益，提高茶产业的竞争力，提高茶产品的持续发展能力。

2. 绿色发展，保障安全

随着人类足迹的活跃，生活环境的恶化等因素，许多"与世隔绝"的茶园面临着水土污染的问题。同时，"农药残留"话题近年也热度不减，许多茶叶消费者谈"农残"色变。消费者对于茶叶质量安全问题的态度是零容忍的，因此，茶产业的绿色发展势在必行。茶产业在未来的发展中应实现生产过程机械化、清洁化，病虫害统防统治，肥料统施的绿色发展。

3. 育大企业，创响品牌

传统的小农思想以及依赖单打独斗的经营模式的茶企终将被市场淘汰。未来的发展中，政策将向大企业倾斜，支持收购中小企业，实现兼并，并跨区域整合资源，组建产业联盟、产销集团等。同时，茶企实现"双品牌母子商标"（即地理标志品牌联合区域特色茶叶品牌）也将是未来一大发展趋势。

四、明确茶馆的发展趋势

纵观茶馆发展的历史沿革，再结合以及当今茶馆的现状分析，不难发现，茶馆作为饮茶、歇息、休闲、社交的场所，一直备受重视。在未来的发展中，茶馆将继续发挥它文化功能，呈现以下趋势：

1. 文化影响更加多彩

随着文化交流的扩大，中外文化、东西南北文化、现代文化与传统文化、茶文化与多边文化的相互交融，有机整合为一体，营造出茶馆文化多元的特征。特别是随着都市城乡一体化格局的逐步形成，都市茶馆文化与各民族茶馆文化、乡镇茶馆文化进一步的交融，使茶馆文化进一步拓宽，文化内涵更为广泛，更为丰富。茶馆功能由单一转向多元，除供人们饮茶品茗之外，还具有休闲娱乐、知识传授、艺术熏陶、气质培养、美德教育等多种功能。茶馆举办书画展、邀请赛、茶话会等，开展各种社交和各种文化活动、艺能交流，越来越显示出茶馆文化多功能作用。

2. 产品形态更加多样

茶与多种艺术的结合，赋予茶馆文化以新的价值和意义。包括一般的茶叶冲泡技艺、特种茶的冲泡技艺以及富有民族特色的茶叶冲泡技艺、传统特色的茶叶冲泡技艺、佛教和道教的茶叶冲泡技艺等，也有创新技艺、生活技艺。在茶馆举办艺能交流，可使品茗更有文化艺术性，更具欣赏价值，更能体现出中国茶艺的真、善、美。将来的茶馆，其经营方式将更为灵活多样，不拘一格，传统方式和时尚方式将有机结合，投客人所好。有雅座、普座、包房、道旁茶座，任人选择；有早茶、午茶、夜茶、自助茶，任人光顾；有冰茶、

茶馆经营与管理

暖茶、茶饮料、各地名茶，任人享用。既可一人独饮，品茗养性，领略茶中真谛，也可与人同乐，在品茗中享受人间乐趣。

3. 经营模式更加智能

茶馆与旅游业、信息技术行业的联系将进一步增强。茶产业属于资源型产业，具有比较优势。旅游业则属于支柱型产业，具有竞争优势。好茶往往长在好山好水之地。很多茶产品，如茶叶、茶具、茶邮票、茶音乐CD等，完全可以包装成旅游产品。此外，茶馆也可以成为旅游景点，或将茶园、紫砂制造企业、茶叶博物馆、茶膳饭店等与原有旅游景点相配合，整合成茶文化旅游项目，会有更好的发展前景。比如，在北京可以销售精美的茶礼盒、金书茶经、景泰蓝茶具，安排周末茶膳茶艺两日游等。原本的传统茶叶销售店铺则向体验休闲店/旗舰店发展（见第Ⅻ页图④）。

4. 组织管理更加优化

新的理念、新的管理模式，将为茶馆文化发展增添新的活力，特别是随着科学技术进步，市场环境的变化，茶馆更需要优化其组织管理，更需要不断地自我完善，增加茶馆的文化含量和文化附加值，努力在构思、造型、风格、包装等方面均体现出茶馆的美学价值。这也是所有茶馆经营者管理模式多元转化、创新精神的具体体现。总之，茶与艺术、茶与高科技、茶与现代生活的紧密结合，茶馆文化诸要素的不断更新和升华，势必大大拓宽茶馆文化内涵。同时，随着茶文化宣传活动在各地广泛、深入、持久的开展，茶的"国饮"地位在人们的心目中更进一步确立，茶馆、茶坊势必日益昌盛，茶客云集，乐此忘返。

5. 流通渠道更加多元

现阶段，茶馆实体渠道仍将长期存在，同时，各经营主体应实现渠道共享，多元融合发展。部分PC电商向移动电商转变，茶馆流通渠道更加多元，实现真正意义上的便利化、品牌化、集中化、休闲化。

【活动设计】

店长小洪在溢香茶坊工作已经接近5年了，一说起茶坊的工作，小洪如数家珍，滔滔不绝。今天店里工作较轻松，闲下来的茶师们拉着小洪店长问一些喝茶泡茶的问题。茶师小李问道："店长，你在茶馆做了这么久，就没想过开一间店，自己做老板？"小洪店长笑笑。心动自然是有的，草根创业、投资茶馆的事迹可没少见，但该如何下手呢？

"要我说，要想创业成功，你得找到商机啊，看看你身边有没创业的机会啊，这些你得懂！"店里的老茶师老许喝了口茶，慢慢说出自己的见解。小洪店长陷入了思考：自己每天埋头在茶馆工作，说起茶馆的工作是心中有数的，但说起创业的商机，他真的一头雾

第三章 创业策划

水啊。为了帮助小洪发掘身边的创业商机,店里的茶艺师们纷纷出谋划策。

学生的学习活动即根据上述情境模拟进行。

一、活动组织

①将学生分成5人/组,一个为店长,其他为茶艺师。

②每组整合创业商机,进行思维导图的绘制。

③小组进行汇报时,指定其中一个小组成员为检测员。

④进行流程总结,选出表现最优的小组。

二、活动实施(见表1:发现茶馆创业商机活动说明表)

三、活动评价(见表2:发现茶馆创业商机活动检测表)

【体验营】

案例介绍

茗星分享

我是夏琛,Tea Lab的创始人,一个还在创业路上的新茶人。

一、创业的初心

我从高中开始创业,成为淘宝的第一批卖家,那时候同学们每天都在做五年高考三年模拟,而我每天在研究要进些什么产品,卖多少钱,这也导致了我高中时候是个彻彻底底的学渣。大学期间也没有停止过折腾,卖过衣服、自行车、护肤品,身份在学生和"倒爷"之间来回切换。这一次一次的折腾,带给我最大的价值并不是金钱的增加,而是慢慢开始了解什么是真实的市场,什么样的产品才是大家喜欢的。

2013年的夏天,我和同学在达拉斯的一间老房子里创立了Thermone科技公司,通过智能硬件的应用帮助家庭节能减排,让所有的家庭只花200美金,每年就可以省下800美金的电费。我们受邀参加了得州大学的创业大赛,出乎所有人的预料,我们一举夺得了这个比赛的亚军,我个人还获得了爱立信绿色商业奖。事后,得州大学又将我们送去硅谷参加大赛,我们再一次杀入了总决赛,从全球2000多家公司中脱颖而出夺得20强。我们顺利地融到了资,搬进了高级的办公室。

然而,感觉人生巅峰即将到来的时候,厄运也离我越来越近。在不久之后的某一周,团队中的两个技术负责人因为某些原因突然离队,大家擦着眼泪做出了一个艰难的决定:团队解散。许多大公司都向我抛来橄榄枝,希望我去上班,但是创业的种子一旦播下,就很难

茶馆经营与管理

再让我回头。

这时我忽然想起了一件事情,曾经在一门课上认识了一个老师,他是我们商学院的副院长,曾经是美国最大的民营航空西南航空的副总裁,他是一个200多斤重的大胖子。有一年我圣诞节放假回国,返校的时候我就想给他带点礼物却不知道送什么好,既能代表中国,又不落俗套。我在家翻箱倒柜找了半天,找来找去最后找到了一块安化产的茯砖茶。

二、回国创业

当时我不认识茯砖茶,只是觉得把茶压成一块砖很好玩,送给老外也挺新奇的。当时也没问爸妈,就偷偷带走送给我的老师了。后来过了好久才知道,那块几十年的茯砖茶价值连城呐。

那时候我对茶一无所知,把茶砖送给老师以后,自己也忘了这回事。直到过了三个月,我的老师打电话给我,他说:夏琛,我把你的茶喝完了。我心想这是要投诉我,不给我毕业吗?怎料他说:"我喝了这个茶之后体脂降低了,颈动脉粥样硬化也几乎痊愈了!我去查了相关的文献资料,发现全世界有许多科学家都做过相关的实验,很多论文都有记载,中国安化的茯砖茶对人体降三高有非常好的功效,你送给我的时候怎么就没有介绍呢?"

当时的我羞愧难当,送给他这块茯砖茶的时候我对茶一无所知,直到老师跟我说了,我才第一次发现,原来茶叶是一个这么有意思的东西,能够让一个文化背景完全不同的美国大胖子也感兴趣。

回忆到了这里,我不由得开始深思:我这么一个生长在杭州的年轻人,生活的周边就有许多茶,而且龙井茶又闻名全球,我从小在这样的环境里长大,为什么却从来没有对茶产生兴趣呢?而且不仅仅是我,我身边同龄的朋友们,都对中国茶不太感兴趣,大家更愿意喝咖啡、奶茶甚至冰红茶,这到底是为什么呢?

带着这份好奇,我开始跟留学生朋友们聊茶叶,到最后总结出了一个共同点,我们这一代人觉得茶叶有一个特征:老气!一个连老外都感兴趣的、能够代表中国传统的好产品,年轻人却不太关注它,我们是不是应该做些什么,改变茶叶在我们心目中老气的形象,于是我就想:我要让茶酷起来。

毫不犹豫地,我把我的奔驰车和美国所有的家当都卖了,买了一张机票就飞回了杭州。我在2014年的6月1日回国,6月2日就注册了一个品牌,叫Tea Lab,Tea:茶叶,Lab:实验室。实验室既代表着我希望用更科学、客观的方式来做茶叶,也代表着一种对未知世界的探索。茶不仅仅是我们现在看到的样子,茶还有更多未知的可能性。

一个完全不懂茶的人,想要开始做茶,就得先学茶。不了解老东西,又怎么可能创新呢。于是2014年开始,我花了整整一年的时间,和国内团队的伙伴一起到中国各个茶产地走

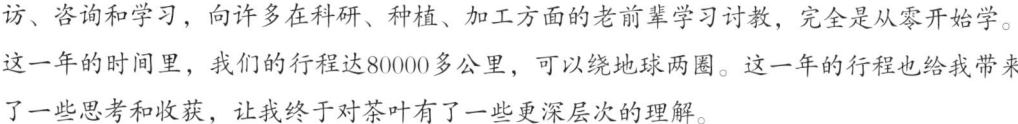

访、咨询和学习，向许多在科研、种植、加工方面的老前辈学习讨教，完全是从零开始学。这一年的时间里，我们的行程达80000多公里，可以绕地球两圈。这一年的行程也给我带来了一些思考和收获，让我终于对茶叶有了一些更深层次的理解。

三、初探茶叶

我曾经碰到过一个所谓的"老茶人"，他跟我说，小夏你知不知道，我从来就不喝三十年以下的茶。后来一想觉得不对，龙井也喝三十年以上吗？我觉得这并不是传统真正的面貌，真正的传统应该有"柴米油盐酱醋茶"的踏实，和"琴棋书画诗酒茶"的惬意。可是在互联网化的今天，这些美好的传统我们该如何继承呢？有三点：有料、有趣、有用。

有料：我们在饮茶、说茶的时候，要言之有物，实事求是，茶好喝就是好喝，不好喝就是不好喝。有时候一款很贵的茶，可能因为品质不好、存放不当、泡的水平不好，就是不好喝；有时候一款廉价的茶也会有很好的品质，比如立顿茶包，虽然便宜，但是在这个价位段很少有茶比它好喝。

有趣：在当下，连"四书五经"都可以轻松幽默，为什么茶非要板着一副脸？因此我希望用更轻松的方式去表达茶叶。在体验活动上，我们把抹茶和手工皂DIY结合，让年轻人自己体验抹茶是怎么制作的，又是怎么变成一块可以消炎祛痘的手工皂的，无疑比死板地说教更有效果。

有用：我的美国大胖子老师就是一个最好的例子，茶叶让他体验到了健康的感觉，可能很多药物都不能解决的问题，通过一块茯砖茶就解决了，这对他来说就是最大的有用。我们通过和浙江大学茶学系的教授们的合作，对茶叶做更多功能的研究，用更科学的方法去探索，开发出了一系列的日用品、食品。

四、Tea Lab的初步成功

通过近三年的努力，我搭建了一支20多人的团队，团队小伙伴的平均年龄只有25岁。我们先是用一年半的时间打造了线上黑茶排名第一的白沙溪旗舰店，用电子商务帮助白沙溪这个传统的茶叶品牌完成了互联网化，让70多岁的老品牌也开始接触年轻用户。

紧接着Tea Lab的茶叶衍生品品牌"茶仕利"全面上市，6个月的时间在全国各地参加了4场茶博会，还有ADM亚洲设计管理论坛、杭州文博会等一系列展会和活动，顺利地把产品推向了50多个城市。现在我们的产品包括用茶籽做成的洗发水，用茶花做成的面膜，用各种茶做成的手工皂，还有含片、牛轧糖等等一系列好吃、好玩的产品。

五、创业心得

每个人都会有灵光一闪的时候，突然冒出一个无与伦比的好点子，感觉自己如果去做，一定会成为下一个乔布斯。可是事实上，93%的创业公司都活不过3年，99%的创业公司

茶馆经营与管理

最后都是倒闭的；这意味着创业成功的几率几乎和买彩票中奖一样低。这是为什么呢？因为创业一定是所有的选择中最难的那条路，不仅需要资金、机遇、商业眼光、团队、执行落地的能力，还需要运气。

所以在创业前，一定要确定以下几点：

1. 我自己最擅长的是什么？在拥有这个特质的人里面，我是属于最顶尖的那种吗？
2. 这个项目是不是已经有人在做了？我为什么可以比他们做得好？
3. 这个项目是不是真的可以带来价值，为人们带来便利、快乐或者健康？
4. 有多少小伙伴愿意和我一起做这件事？并且愿意掏钱做，不仅仅是来帮忙？
5. 如果我失败了，我会如何收场？

如果你可以回答这些问题，那么，只要你有好运气，就会成为成功的1%。

分析思考

1. 夏琛加入茶馆创业的动机是什么？他是如何发现商机的？
2. 夏琛创业成功的原因有哪些？

表1：发现茶馆创业商机活动说明表

序号	步骤	操作及说明	标准
1	小组讨论记录	学生分组讨论，思考并记录探索发现的创业商机，并说明该创业商机的背景、现状、政策导向、发展趋势。	①分组应注意平衡各组的学习能力。 ②发现的商机需至少3个以上。 ③记录清晰、有条理。
2	绘制思维导图	各小组整合本小组发现的创业商机，由小组记录员汇总在"创业商机思维导图"上。	①思维导图清晰明了。 ②操作性强。 ③讲解流畅。
3	优秀小组评选	由小组派代表汇报本小组探索成果，进行组间创业商机发现数量比较，评出发现数量最多的前3名，授予团队冠亚季军的称号。	①公平公正。 ②奖惩结合。

第三章 创业策划

表2：发现茶馆创业商机活动检测表

茶艺师： 　　　　　　　　　　班级：

序号	举证内容	举证标准	评判结果	
			是	否
1	背景分析	①能说出该创业商机的产业背景的全部内容。		
		②能说出该创业商机的产业背景的主要内容。		
		③不能说出该创业商机的产业背景的内容。		
2	现状分析	①能对该创业商机的现状进行分析、总结。		
		②能说出该创业商机的现状。		
		③不能说出该创业商机的现状。		
3	发展方向分析	①能对该创业商机的发展方向进行分析、总结。		
		②能说出该创业商机的发展方向的主要内容。		
		③不能说出该创业商机的发展方向的内容。		
4	数量分析	①能够发现3~5个茶馆创业的具体商机。		
		②能够发现3个茶馆创业的具体商机。		
		③能够发现2个茶馆创业的具体商机。		
		④能够发现1个茶馆创业的具体商机。		
		⑤不能发现茶馆创业的具体商机。		
5	综合印象	①能够熟悉使用思维导图说明创业商机，举止自然、流畅。		
		②能够使用思维导图说明创业商机，举止自然、流畅。		
		③能说明创业商机。		
		④不能说明创业商机。		

检查人： 　　　　　　　　　　时间：

茶馆经营与管理

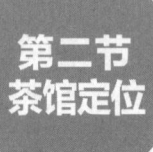

01 能正确进行茶馆经营的形象定位

【学习目标】
1. 能描述茶馆的类别与形象定位的关系。
2. 能结合茶馆市场分析，正确进行茶馆经营的形象定位。

【核心概念】
　　茶馆定位：指茶馆应根据目标市场的竞争状况、需求特性等特点，为茶馆产品塑造个性化、差异化的形象，使其在消费者心目中形成优越于其他竞争者的独特形象。

【基础知识】
　　杰克·特劳特的"定位理论"认为，随着商业竞争日益兴起，先在外部竞争中确立价值独特的定位，再引入企业内部作为战略核心，形成独具特色的运营活动系统，成为企业经营成功的关键。那么，茶馆应如何实现其正确定位？其具体流程可参见"茶馆定位方法"示意图。本节各版块，将分别阐述其内容。
　　一、确定茶馆创业的方向
　　近年来，"双创"（创新、创业）的热潮遍及大江南北。茶馆也不例外，许多特色茶馆、茶社、茶空间、茶衍生品等新潮的概念慢慢在茶馆中普及起来。在创业政策叫好、行业发展健康有活力的情况下，茶馆创业成为许多投资客心目中的"摇钱树"，许多茶馆的工作者也慢慢实现由就业向创业的转变。创业的方向那么多，应该从哪些方面入手呢？"万变不离其宗"，综观茶馆创业，基本上是在以下两个方面进行创新创业：

第三章 创业策划

1.产品的创新创业

随着茶馆的不断发展，茶客的消费需求日益个性化，茶馆从单纯的"卖茶、泡茶"向更加多元化的方向发展。目前茶馆产品的创新主要有：①注重茶叶原材料的创新。茶叶作为绿色产品，离不开环保、生态的基础，因此市面上许多茶馆纷纷打出"野生茶叶""原生态、无农残"的产品创新招牌。②注重产品类型的创新。茶馆产品的类型从单纯的茶叶延伸到茶的文化衍生品，茶叶、茶文化、茶空间等都成为茶馆的产品类型。如茶仕利公司便利用废弃不用的茶梗制作茶梗复合板（见第XIII页图①）。③注重产品内涵的创新。随着茶文化的普及，茶的文化功能在茶馆消费中占据着重要作用。目前，以茶道文化为载体的茶馆，深受许多茶客的推崇。如四川成都锦里的茶馆便以蜀文化为依托，众多茶馆内上演着川剧绝活——变脸（见第XIII页图②），吸引来自全国各地的茶客。

2.互联网+思维下的经营方式的创新创业

互联网时代下，信息化技术被引入茶产业，实现全产业链的数字化发展。在茶馆中，信息化技术的应用非常普遍。第一，从原料起源的茶园的监管开始，就实现远程精准化管理，质量安全实现了全程可追溯。如主打生态茶产品的茶馆，采用"农眼"等高新技术，监控生产过程，消费者可利用手机终端了解购买的茶叶在茶园的管理全过程，包括施肥、湿度、采光等。第二，消费需求的收集实现大数据云共享，消费市场定位更加明确。许多茶馆利用"用户画像技术"汇总目标市场茶客的消费习惯、兴趣和偏好等，挖掘出每类用户的特征，进而建立模型将不同客户的需求进行群分，并形成便签，把原本冷冰冰的数据复原成栩栩如生的用户形象。第三，茶馆经营主体渠道共享，多元融合发展，茶馆经营模式日益便利化、品牌化、集中化、休闲化。如部分地区的茶馆在实体渠道之外，还逐渐向PC电商、移动电商转变，卖茶、卖茶衍生品的"微商"日益增加（见第XIII页图⑤）。

二、设计茶馆的形象

茶馆形象设计，其宗旨便是设计和提供不同于其他竞争者

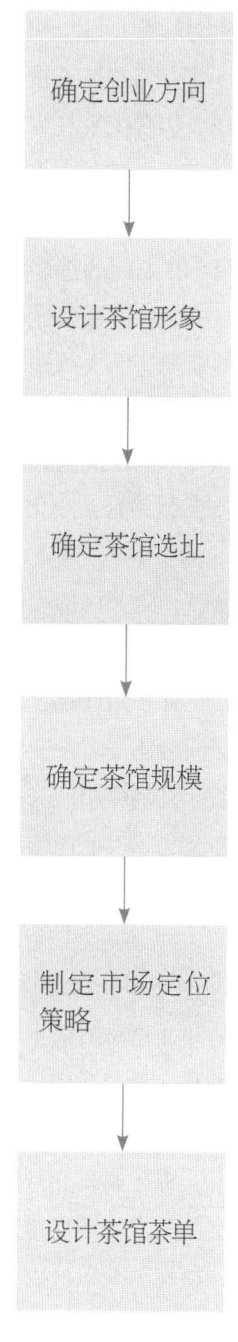

茶馆定位方法

的独特的"企业形象",而这种"独特"不仅体现在茶品质量、茶馆手册、茶品价位、茶馆环境等实质上,还体现在茶馆氛围、茶馆人员服务态度、口碑宣传等公众的感观上。

那如何塑造茶馆的独特形象,进而完成茶馆的形象设计呢?可从以下方向进行挖掘:

1. 以传统茶礼为方向的形象定位

茶礼是中国礼仪的重要组成部分,"以礼待客"的理念,催生了赏茶、请茶、续茶等相应的茶礼。因此,以传统茶礼作为方向进行茶馆的形象塑造,往往能起到事半功倍的作用。在广州的许多茶楼,便形成了不需言语表达的"续茶礼":客人只需将茶壶的壶盖打开或倾斜靠在茶壶口,服务员便会主动上前续茶。这种茶客与服务员之间通过茶礼而形成的默契是广式茶楼备受推崇的原因之一。再如杭州"一茶一坐"茶馆,是以中国传统的"客来敬茶"的茶礼作为形象设计,使茶客看到"一茶一坐"的标志时,便会产生一种宾至如归、宾客至上的印象。

2. 以民族茶文化为方向的形象定位

因历史、文化、经济等差异,我国各族各地形成了各具特色的饮茶习俗。在进行茶馆形象设计时,可适当结合当地的茶俗,塑造出"接地气"的茶馆形象。如广州的著名茶馆陶陶居,当年便曾以岭南文化为特色,开设有广东曲艺茶座,粤剧著名的"小生王"白驹荣,也曾常到此献艺。因此它招徕的不仅有文人雅士,还有喜好广东曲艺的市井之民。陶陶居同时还在"茶文化"上下功夫,专门雇请工人用手推车从老远的白云山运来九龙泉水烹茶,且坚持用"瓦鼎陶炉、文火红炭"烹煮。而北京的老舍茶馆则坚持"天时地利"的京韵文化,以前门楼、京胡、大鼓及大碗茶等北京特色事物作为茶馆的形象设计元素,使茶客感受到十足的京味(见第XIII页图⑥)。

3. 以茶文化衍生品为方向的形象定位

茶叶本身富含的茶多酚、咖啡因等,证实茶是自然给予人类最好的礼物,因此由茶而生的茶文化与茶衍生品始终久盛不衰,既有如"不羡黄金罍,不羡白玉杯,不羡朝入省,不羡暮入台,千羡万羡西江水,曾向竟陵城下来"(唐代陆羽《六羡歌》)的诗词文化传承,也有如红茶开心果、普洱乌梅、青团等为代表的茶食的流传(见第XIII页图③、图④),更有如废弃茶枝、茶渣、茶末压制成茶制香品的环保特色衍生品的涌现。以茶文化衍生品为方向的形象定位,使茶馆的创业在体现传统茶文化的同时更具创新意义。如上海的"得和"茶馆便以宋代苏汉臣的《百子图》为灵感,取一群孩童一边嬉戏,一边品茶,孩童之间一团和气的茶画场景为设计元素,体现了茶馆的一派和谐。

4. 以茶道精神为方向的形象定位

中国茶的精神就是"廉、美、和、敬",在茶馆创业过程中,宜结合茶道精神进行形

第三章 创业策划

象定位，实现茶、人、自然和谐相处的情境。如北京"明慧茶院"，身处北京大觉寺的佛家圣地，松树参天、明泉环绕、佛乐古曲弥漫，茶馆便提炼出"花莲""婆罗""菩提"等禅宗密语为设计元素，身处其中，犹如在佛寺参禅，是一座明目、怡情、交友、论道的好去处。

【活动设计】

店长小洪在经过3个月的思想斗争后，毅然决定辞职进行茶馆创业。今天，踌躇满志的他找到了草根创业的"茗星"——著名的×××茶的创始人夏先生，想要咨询他关于创业的问题。

"你是说，你想自己开一间茶馆，费用大约是30万元？"夏先生问。"是的，这是我目前能拿出来的所有资本了。"小洪答道。"哦，钱并不是最关键的因素。我想问一下，你这个店是哪个类型的呢？"夏先生继续问道。"呃，这个，还没想过呢。不都是泡茶、卖茶吗？"小洪试探地开口。"茶馆千差万别，不同类别的茶馆，经营类型也不相同。这样吧，我带你去看看我朋友开的茶馆——杭州青藤茶馆吧！"夏先生耐心地问道。

三小时后，两人离开了青藤茶馆。

"夏先生，真是太谢谢你了，看过了青藤茶馆，我才发现，原来茶馆居然可以这么诗意。"小洪一脸赞叹地开口。

"那当然，茶馆就是一个小社会，吸引着各色各样的茶人们。"

"夏先生，我之前在青藤茶馆上洗手间的时候，发现它的标识都很特别。男洗手间的标识是折扇，女的则是团扇。这茶馆做得也太细致了吧！"

"嗯，你的观察很到位。不同茶馆针对不同的目标客户，它的定位策略便不同，形象设计更是区别极大。这样吧，你明天把茶馆的具体创业规划给我看看吧！"

小洪店长思考了一夜后，还是毫无头绪，他决定回店里，让其他茶艺师帮忙出出主意。

学生的学习活动即根据上述情境模拟进行。

一、活动组织

　　①将学生分成5人/组，一个店长，其他为茶师。
　　②每组根据发现的商机进行形象定位的练习。
　　③小组进行汇报时，其他小组成员为检测员。
　　④进行流程总结，选出表现最优的小组。

二、活动实施（见表1：茶馆创业评估&形象定位活动说明表）

三、活动评价（见表2：茶馆创业商机评估单；表3：茶馆创业项目形象定位打分表）

茶馆经营与管理

【体验营】

案例介绍

青藤茶馆的经营定位

　　青藤茶馆是杭城较早开始连锁经营的茶馆,由一公园至六公园,然后又回到一公园,围绕西湖做文章,规模一家比一家大。第一家创办于1996年5月,位于三公园对面,是西湖边第一家茶艺馆。开张之日,上海壶艺大师许四海先生专程前来举办"壶艺展"。这家江南民居风格的茶馆,深受茶客喜爱。

　　第二家青藤茶馆创办于1997年1月,位于柳营路口,面积约200平方米,成为当时杭城营业面积较大的茶艺馆之一,仍保持着江南庭院风格。随着茶馆业的发展,内容不断丰富。1999年5月,青藤茶馆又开了第三家,面积约2000平方米,成为当时杭城大型的专业茶馆,同时增添了新内容。从建筑布局看,一楼较具现代特色,藤质桌椅、青藤石磨、水井、青竹,给人以轻松、自然、亲切之感。拾级而上,似乎从现代走向了传统,青石地板、木栅花窗、明式茶桌、木屋推窗、廊、轩及小桥、假山、花木、大榕树,无不渗透出古朴典雅的江南庭院氛围。可以约好友漏夜长聊,也可以静静欣赏茶艺、琴艺表演,还可以在专门的陶艺师指导下动手学做紫砂壶。

　　2003年5月,在一公园元华广场,青藤茶馆第四家分馆开业,5000平方米的馆内空间被独具匠心的划分成以西湖新十景命名的十大区域,以不同小品点缀:或小桥流水、或曲径通幽,有翠竹修篁,亦蒹葭摇曳,各具意趣。各个包厢也别具特色:有在和式包厢中品尝蒸青煎茶的清静平和,有在四合院中品味茉莉香片的浓郁京味,有于江南小筑中得其龙井御茶的神髓,更有名家字画、紫砂名壶和历代茶具。深厚的人文底蕴潜藏其中,却没有俯仰清高的压抑感,给人以返璞归真、回归自然的闲适与宁静。

分析思考

　　请尝试从青藤茶馆的装饰风格判断该茶馆属于哪种类别。

第三章 创业策划

表1：茶馆创业评估&形象定位活动说明表

序号	步骤	操作及说明	标准
1	填写评估单	以小组为单位，选择"C-1发现商机"活动中的任一创业商机，填写"茶馆创业商机评估单"。	①操作性强。 ②填写清晰、明了。
2	设计形象定位	小组对该创业商机从创业项目名称、定位和选址等方面进行讨论，设计出该创业商机的形象定位。	①形象设计体现茶馆特色。 ②项目可行性高。
3	创业项目介绍	小组派代表进行汇报，其他小组成员结合"创业项目形象定位打分表"进行打分，根据得分高低，评出冠亚季军。	①讲解流畅清晰。 ②评选公平公正。

表2：茶馆创业商机评估单

组号		项目名称	
服务对象		所属类别	
形象设计方向			
选址			
规模			
经营策略			

表3：茶馆创业项目形象定位打分表

茶艺师：　　　　　　　　　　　　班级：

序号	举证内容	举证标准	评判结果	
			是	否
1	确定茶馆创业的方向	①创业方向明确。		
		②操作性强。		
		③结合茶行业发展的趋势。		
2	设计茶馆形象	①定位清晰。		
		②操作性强。		
		③设计要素齐全。		
		④体现茶馆特色。		

检查人：　　　　　　　　　　　　时间：

第二节 茶馆定位
02 能确定茶馆的选址、类别和规模

【学习目标】
1. 能描述茶馆选址的应考虑因素，解释选址的重要性与方法。
2. 能根据选址的位置，确定茶馆的类别和规模。
3. 能结合茶馆的规模来制定茶馆的市场定位策略。

【核心概念】
　　茶馆选址：指开设茶馆前对茶馆所处的位置进行论证和决策的过程，首先是指设置的区域以及区域的环境和应达到的基本要求，其次是指设在具体的哪个地点、哪个方位。

【基础知识】
　　一、进行茶馆选址
　　1. 目标市场清晰
　　对于以过往客人为主要目标市场的茶馆，应选址飞机场、火车站、汽车站等客人最多的地点设立茶馆；
　　以商务客人为主要目标市场的茶馆，他们通常不带茶叶，随时购买，为了交易往来，捎带茶叶，显得雅而不俗，故茶馆应选址商务饭店群附近地区；
　　以当地居民为主要目标市场的茶馆，应建立在人口稠密的居民区，因为茶叶是居民消费的必需品，选择居民区一般风险较小。但同时针对不同居民层次，茶店的经营风格也应

不尽相同，如老区带有古朴的中国特色，茶叶不能过于高档，营业员要灵活，注重人缘，茶叶质量一定要稳定，信誉要好；而新区的居民消费较超前，且物质财富和精神文明相对提高，要求经营的茶叶档次略微偏高一些，品种丰富一些，新品种要多上，跟上茶叶品种的新潮流；

以大、中学校教师和学生为主要目标市场的茶馆，应选址学校集中的地方或者知识氛围浓郁的地方；

以追求时尚的年轻一族为主要目标市场的茶馆，应选址在商业中心等商业氛围浓的地方。这些地方购物层次复杂，购买频率高，消费者大多有较强的求质、求好、求美的特点，要求茶叶品位高一些，要注意品牌、名茶品种要丰富，与茶叶有关的茶具、茶书要配套，如紫砂、瓷器、玻璃茶具等。但也要注意，这些地方房价或租金的费用比较高，竞争尤为激烈，所以进入前须经仔细考虑，分析自己的人力、财力、物力是否具备。如若有条件，进军"商业中心"当然正确，但如果实力不具备，千万不能贸然行事。

2. 方便顾客

茶馆一般应设立在商业区、居民区、学校等较为集中的地方，而且一般设在临街楼房的一楼或者方便顾客消费的地方。如果将茶馆设在宾馆饭店群附近，可租用饭店的经营大厅等比较显眼的地方，最好能够有单独出入的门，方便茶客进出。

3. 位置醒目

茶馆通常设立在人口流动量大的主要交通干道上。这些地方注重茶店的外部吸引力，品种要新颖，价格要优惠，适合一些字号较老的、无形资产较大的客商进入。

二、明确茶馆的等级划分标准

《茶馆等级划分与评定》标准中，用星的数量来表示茶馆的等级。茶馆星级分为五个等级，从低到高，依次为一星级、二星级、三星级、四星级、五星级。等级划分的依据包括茶馆企业规模、设备设施、技术力量、茶叶与茶水质量、服务能力、管理水平以及环境卫生状况等。

各星级评分项目限定了各等级应具备的硬件设施设备、卫生要求、服务基本要求等，凡申请评定的茶馆企业需在正式经营一年后申请等级评定。经评定机构评定后，星级标识使用有效期为三年，三年期满将进行重新评定。

三、制定茶馆的市场定位策略

茶馆的市场定位策略，指的是茶馆在已经明确的细分市场上如何处理与其他企业的竞争关系的基本思路，简而言之，就是茶馆的竞争策略。在茶馆盛行、企业间竞争激烈的情况下，要想在茶馆创业中站稳脚步，正确的市场定位策略必不可少。通常来说，茶馆的市

茶馆经营与管理

场定位策略可分为以下几种类型：

1. 领先定位策略

领先定位策略是通过展示茶馆独一无二的属性，在茶客心目中占据领先的位置，而这通常要求茶馆在产品质量、价格或服务等方面具有绝对的优势。以成都宽和茶馆为例，它是以传统茶道为主的集专业茶艺演绎、品茗休闲、商务会务于一体的主题茶馆，以时尚、厚重的设计理念和传统、仿古的装修风格传递出四川茶馆浓厚的文化底蕴。宽和茶馆不仅为茶客提供细心周到的优质服务，而且更使每一位来此的茶友都能品读一份别样的人心茶道。馆内茶品丰富，珍藏中国六大名茶中的几十种上等茶品，同时茶馆每周的茶技表演是茶馆的一大主题特色，一场地道的、原汁原味的川派茶技表演能让茶客对四川的茶文化有更深的感悟。

2. 避强定位策略

避强定位策略指茶馆避开与实力强大的茶馆直接发生竞争，而定位在产品"空隙"上，使自己的茶品在某些特征或属性方面与对手有比较显著的区别。通过避强策略，茶馆一方面能迅速占领市场，树立起自身形象，但另一方面，也往往意味着茶馆要放弃最佳的市场位置。

3. 迎头定位策略

与避强定位策略相反，迎头定位策略则是指茶馆占据较佳市场位置，不惜与市场上实力强大的竞争对手发生正面竞争。这一策略可以帮助茶馆迅速为公众所熟悉，树立市场形象，但同时也存在竞争失败的风险。

4. 创新定位策略

创新定位策略注重寻找新的潜在市场需求，填补市场空缺，生产市场上没有的、具备某种特色的产品。如台湾食养山房深入挖掘台湾禅意文化，以铁、柜、烛火、中国传统滤纸浆制成的竹帘等简单元素，构筑自在的茶空间。人在其中，吃自在，吃清净，滋养出山高水长的胸怀。茶客在这样安静的空间，可以感受到禅宗语录中的"逢茶茶，遇饭饭"的禅理：该喝茶就喝茶，该吃饭就吃饭。

【活动设计】

距离上次小洪店长与夏先生的会见已经过去了一周。这周里，小洪陆续走访了许多资深的老茶客，也从图书馆借阅了大量的与茶馆创业相关的书籍，感觉自己充实了很多，对于茶馆创业也有了初步想法。今天，小洪带着自己对茶馆创业的思考再次找到了夏先生。

"夏先生，上次多亏您给我普及了茶馆的知识，今天我想跟您分享一下我的一些想法。我在之前茶馆的工作让我爱上了喝茶,但我身边的朋友都表示很不可思议,他们觉得'喝茶'是老一辈的事情,喝一杯茶要准备的东西好多,感觉茶'高高在上、古香古色',很难亲近。所以,我想开一间能够让年轻人都喜欢上'喝茶'的茶馆,我想改善泡茶的方式,让他们能很便利地喝到茶,而且想通过一些活动,让喝茶变得很酷。"

夏先生听得非常赞同,不断点头:"嗯,小洪,你的想法非常有创意,我也希望有越来越多的年轻人能够因为你喜欢上喝茶!你准备开在哪里?"

"因为考虑到我的目标市场是年轻人,所以我想选址就定在××商场。那里的人流多。"小洪想了想开口说道。

"嗯,茶馆的选址是非常重要的,好的选址将会让你的茶馆蒸蒸日上。不过,关于茶馆选址,还有一些其他讲究。"

经过夏先生的指导,小洪店长对茶馆如何选址有了进一步了解。回到家里后,小洪跟家人提及此事,洪父提议,茶馆应该设在学校附近,氛围好,学生消费也方便;洪母则认为,最好开在闹市区,而且旁边最好还有很多其他的茶馆,可以带动生意;小洪的姐姐不是很赞同,她认为开在居民区,房租会比较便宜,方便客人登门;小洪的弟弟却觉得,应该设在高端酒店、写字楼里面,能带来一定的客源,而且都是高端的客源。

学生的学习活动即根据上述情境模拟进行。

一、活动组织

①将学生分成5人/组,各组根据小洪一家人的描述,抽签决定各自支持的选址。

②每组根据自己所属的阵营,进行该茶馆地址的优劣势分析。

③各小组两两进行辩论,其他小组为观察员,辩论结束后,投票选出优胜组。

二、活动实施(见表1:茶馆选址活动说明表)

三、活动评价(见表2:茶馆选址活动检测表)

【体验营】

根据茶馆选址活动辩论的结果,结合当地的地理区位特征,分析小洪一家人提供的茶馆选址建议的优缺点。

茶馆经营与管理

表1：茶馆选址活动说明表

序号	步骤	操作及说明	标准
1	抽签所属阵营	学生分组根据小洪一家人的描述，抽签决定各自支持的选址。	随机抽签。
2	分析选址优劣	每组根据自己所属的阵营，进行该茶馆地址的优劣势分析。	①分析到位。 ②能突显所属阵营的优势。
3	优秀小组评选	各小组两两进行辩论。辩论结束后，其他小组进行投票，选出优胜组。	①公平公正。 ②奖惩结合。

表2：茶馆选址活动检测表

茶艺师：　　　　　　　　　　　班级：

序号	举证内容	举证标准	评判结果	
			是	否
1	进行茶馆选址	①能说出茶馆选址应考虑的因素的全部内容。		
		②能说出茶馆选址应考虑的因素的主要内容。		
		③不能说出茶馆选址应考虑的因素的内容。		
2	确定茶馆规模	①能对茶馆规模的标准进行分析、总结。		
		②能说出茶馆规模的现状。		
		③不能说出茶馆规模的现状。		
3	制定茶馆市场定位策略	①能对茶馆的市场定位策略进行分析、总结。		
		②能说出茶馆的市场定位策略的主要内容。		
		③不能说出茶馆的市场定位策略的内容。		

检查人：　　　　　　　　　　　时间：

第三章 创业策划

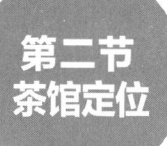

03 能设计茶馆茶单

【学习目标】

1. 能描述茶馆茶单包含的内容。
2. 能按照茶馆茶单的设计原则进行茶单设计。
3. 能按照茶单分类标准进行茶单类别判断。

【核心概念】

茶馆茶单：直接向客人介绍所销售茶品的相关信息的工具，一般包括茶品类别名称、茶品名称和价格、茶品介绍、茶馆的信息等。

【基础知识】

茶单，是茶馆服务生产销售的依据，也是茶馆最重要的推销工具，其主要作用是直接向客人介绍茶品销售的相关信息。一份能展现茶馆特色的茶单，势必对茶馆的运营有很大助力。如果不顾茶客需求和经济能力，不考虑茶馆设备条件等因素，脱离实际去制作一份茶单，其结果必然给茶馆经营带来麻烦。因此，茶单的设计至关重要。

一、茶单的设计原则

● 需以市场需求为导向。只有详细、及时地了解和深入分析目标市场的需求特点和消费习惯，茶馆才能针对性地在茶品的设置、价位的安排等方面进行规划，设计出茶客们喜闻乐见的茶单。以青藤茶馆为例，为满足茶客们对于绿色生活意境的追求，其茶单的设计便讲求自然、简洁。封面采用天然竹材质，刻有茶馆名称。内页为活动页，使用质朴的皮

143

质带子固定，以便更改茶单时直接更换内页而不造成不必要的浪费。纯天然的设计让茶客们还未品茶便先闻竹香，充分营造出品茶的悠然意境。

● 要以自身特色为卖点。茶单是茶馆最重要的宣传工具，成功的茶单，可以让茶客对本店的特色茶品一目了然，且最引人注目的位置上往往便是本店重点推销或最具特色的茶品。

● 要以艺术美学为基础。茶单设计要注意结合艺术美学，在制作材料上，应根据茶单使用方式合理选择材料，同时考虑制作成本。如，需长期使用的茶单，应尽量选择质地优良、厚实，且具备一定的防污、去垢功能的纸张。在封面内容上，要注意简洁，一般展示茶馆的名称则可；在茶单规格上，则结合茶馆规模和茶品内容而定，一般多使用28cm×40cm单面、25cm×35cm对折或18cm×35cm的三折茶单为宜；在茶单文字字体选择上，要与茶馆的主体风格保持一致，一般宋体、黑体等多用于茶单正文，楷体、隶书则用于茶品类别的说明；在茶单图片设计上，充分利用色彩效果来增强茶单的艺术性和吸引力，是当今茶单的一种潮流。

二、茶单的内容

一份完整的茶单，一般包括茶品类别、名称、价位、销售单位、茶品介绍及茶馆信息等内容（见第XIV页图）：

● 茶品类别名称。茶单一般可分为综合性茶单和专卖类茶单两种。综合性茶单包含各类茶品、食品的综合信息，如绿茶类、红茶类、花茶类、小食类等。而专卖类茶单往往只列举某一种类别的茶品的详细信息。常见的专卖类茶单有普洱茶茶单、红茶茶单等。

● 茶品名称和价格。茶品名称及价格直接影响茶客对茶品的选择，故上述信息必须具有真实性，且茶品的质量与价格应稳定可靠。

● 茶品介绍。茶单上的茶品介绍一般集中在特色茶品上，这在很大程度上省却了服务人员介绍茶品的时间。茶品介绍的具体内容包含茶品的特点及功效、茶品的饮用方法、茶点搭配、促销信息等。

● 茶馆的信息。茶单通常会简单地提供一些茶馆的告示性信息，如茶馆的名称、地址、营业时间、联系方式、消费标准等。

【活动设计】

这天，小洪店长和夏先生正聊得火热，另外一位访客登门了。那是夏先生曾经的合作伙伴曾先生。一阵寒暄之后，曾先生就忍不住摇头叹气。

"老朋友，怎么了？又摇头又叹气的！"夏先生忍不住开口问道。

曾先生一脸怒其不争地说道："还不是我那不成器的儿子，之前学人家搞什么创业，

第三章 创业策划

我又是找人，又是托关系，好不容易把它搞起来了，今天开业，我一去看，差点没气死。"

"怎么回事呢？之前听说挺有创意的啊！"

"再有创意又怎么样？别人开业，都会在门口摆一张很时尚的茶单，他倒好，要开业了，竟然没准备，临时随便拿了张白纸写，哪会有客人上门啊！"

"这确实是，这都准备开张了，竟然漏了茶馆最重要的茶单，实在是不应该啊！茶单可是茶馆内涵的宣传窗口啊。"夏先生感慨道。

听了这个失败的案例，小洪店长暗暗下定决心，一定要好好挖掘中国茶文化，丰富自身茶馆的内涵，特别是要重点打造自家茶馆的茶单，一定要让人眼前一亮。

学生的学习活动即根据上述情境模拟进行。

一、活动组织

①将学生分成5人/组，课前进行茶单设计的材料准备。

②每组在60分钟时间内，结合小洪店长的茶馆定位，为其设计茶单。

③茶单制作完成后，派代表上台展示并摆放好。

④全体学生进行无记名投票。

二、活动要求

①设计要求：包装精美，要素齐全（有封面、店名、Logo）。

②内容：茶类齐全（红茶、绿茶、乌龙茶、黄茶、白茶、黑茶等），主次分明（有主推茶品，配有价格或备注）。

③综合印象：主题突出，有一定的实用性和观赏性。

三、活动实施（见表1：茶单设计活动说明表）

四、活动评价（见表2：茶单设计活动检测表）

【体验营】

根据茶单设计活动投票的结果，进一步完善本小组的茶单设计。

茶馆经营与管理

表1：茶单设计活动说明表

序号	步骤	操作及说明	标准
1	材料准备	学生分组，课前进行茶单设计的材料准备，包括卡纸、双面胶、纸皮、彩色笔、彩带、剪刀等。	材料准备充分到位。
2	制作茶单	结合小洪店长的茶馆定位，为其设计个性化茶单。	①包装精美。 ②主次分明。 ③主题突出。 ④有一定的实用性和观赏性。 ⑤符合茶馆定位。
3	展示摆放	茶单制作完成后，各组分别派代表上台展示并摆放好。	①讲解清晰流畅。 ②茶单实用性强。
4	投票评选	全体学生进行无记名投票。	①公平公正。 ②奖惩结合。

表2：茶单设计活动检测表

茶艺师：　　　　　　　　　　班级：

序号	举证内容	举证标准	评判结果 是	评判结果 否
1	茶单设计	①能设计出包装精美、主次分明、主题突出、有一定的实用性和观赏性、符合茶馆定位的茶单。		
		②能设计出符合茶馆定位的茶单。		
		③不能设计出符合茶馆定位的茶单。		
2	茶单介绍	①能对所设计出的茶单的内涵进行清晰、流畅的介绍。		
		②能对所设计出的茶单的内涵进行介绍。		
		③不能介绍茶单的设计内涵。		

检查人：　　　　　　　　　　时间：

第三章 创业策划

【学习目标】

能描述创业计划书的内容。

【核心概念】

茶馆创业计划书：在从事茶馆创业投资之前，创业者要从经济、技术、生产、销售、服务直到社会环境、政策法律支持等因素全面进行具体调查、研究、分析，确定优势、劣势、机会、威胁等，衡量创业项目是否可行，预估成功率大小、经济效益和社会效益，并根据上述内容制定详细文件，即为茶馆创业计划书。

【基础知识】

编写创业计划书时，应注意包含以下内容：

1. 创业者基本情况。包括名称、联系电话、财务收支状况、资产规模等。

2. 必要性和可行性。

● 创业背景及实施的必要性：行业背景分析，国家政策支持情况，国家或地方需求分析，目标市场需求分析，实施效益分析，受益范围分析。

● 实施的可行性：主要创意和设想，市场定位策略分析，预算的合理性及可靠性分析，预期的效益分析，实施过程的不确定性分析及应对措施分析。

3. 实施条件。

● 人员条件：创业者的组织管理能力，主要创业团队的组织结构，主创人员的姓名、

茶馆经营与管理

性别、职务、专业、业务能力等情况。
- 资金条件：投资总额，财政资金的最低需求额，资金渠道及其落实情况。
- 基础条件：选址、规模、设备情况、场地限制等。

4. 进度与计划安排。包括阶段性目标情况，分段地实施进度计划与计划安排情况。

5. 主要结论。

【活动设计】

在诸多茶艺师的帮助下，小洪店长的茶馆创业方案终于初现雏形。为了验证这些设想是否可行，夏先生建议小洪撰写一篇创业计划书，请几名茶艺师一同帮助验证。但这对从来都执笔难书的小洪来说，不啻一个噩耗。在家里苦苦熬了两天，却只憋出了几个字的小洪只好找到老茶艺师老许来帮忙了。

"老许，写东西实在是太难了，我真是才思枯竭、江郎才尽啦！"小洪见面便是一阵哀号。

老许被小洪的表情逗乐了，笑骂道："一份创业计划书就江郎才尽，看来这江郎的才学真是有点不够啊！放心，只要掌握了一定的步骤，创业计划书写起来其实是非常简单的！"

学生的学习活动即根据上述情境模拟进行。

一、活动组织

①将学生分成5人/组，一个为店长，其他为茶师。
②每组根据第二节"茶馆定位"中分析的创业商机进行创业计划书的编写。
③小组进行汇报时，其他小组成员为检测员。
④进行流程总结，选出表现最优的小组。

二、活动实施（见表3：编写茶馆创业计划书活动说明表）

三、活动评价（见表4：编写茶馆创业计划书活动检测表）

【体验营】

案例介绍

清明雨上茶馆创业计划书

清明雨上茶馆以唐朝茶文化为依托，以唐代陆羽为形象代言，以传承和发扬中国文化

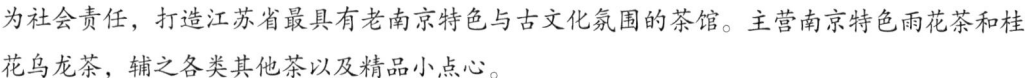

第三章 创业策划

为社会责任,打造江苏省最具有老南京特色与古文化氛围的茶馆。主营南京特色雨花茶和桂花乌龙茶,辅之各类其他茶以及精品小点心。

一、公司概述

公司名称:清明雨上茶馆

公司地址:南京秦淮区贡院街25—33号

经营理念:置身其境,古色古香,一品茶香,畅所欲言

经营目标:打造江苏省最具有老南京特色与古文化氛围的茶馆

二、产品介绍

主营产品:以南京特产雨花茶及桂花乌龙茶为主,辅以绿茶、红茶系列,参照陆羽的"和、静、怡、真"的茶道精髓,为客人再现唐代的南京茶文化。

辅营产品:提供系列传统名小吃,包括南京特产桂花酥及各地名点。

三、特色茶点精选

- 煎点篇:萝卜糕,马蹄糕,虾饼,牛肉紫菜卷。
- 蒸点篇:绿茶风车饺,兰花饺,翡翠凤尾包,吉庆宫灯包,糯米鸡,上汤蒸牛百叶,牛肉烧卖。
- 烘点篇:荷花酥,燕雀踩梅,松鹤延年,糯米糍,咸水角,绿影茶果,绿茶莲蓬糕。

四、特色服务

提供茶艺、琴艺欣赏及文房四宝和围棋。聘请茶艺师及古筝表演者定期表演,请书法爱好者留下其墨宝,为围棋爱好者提供围棋。

茶馆内设收藏厅,提供与茶有关的各类书籍,供人闲时阅读。此外,还收藏有不同档次的特色茶具,供人欣赏,有意者也可购买。

对茶房一系列的服务流程进行严格的培训,做到微笑迎客、引领客人入座、送上手巾给客人等,培养茶房的服务意识,给顾客提供最好的服务。

五、市场分析

目标市场:根据茶馆市场上顾客需求的差异性,我们将目标市场定位于夫子庙及夫子庙周围地区,并将茶馆定位为纯粹茶馆,弥补南京纯粹茶馆的空缺。区别于其他西化茶馆,我们以唐代的茶文化为依托,通过经营茶馆达到宣扬南京传统茶文化的目的,同时满足茶爱好者的需求。

目标消费群:南京当地居民,以老年人、企事业单位职工、商务人士为主,游客及年轻的消费群占小部分。据调查报告显示,南京市民普遍爱茶,在日常生活中偶尔去茶馆喝茶的市民占大部分,他们以休闲为主要目的。

六、竞争分析

1. 情况分析

目前南京的茶馆除了吃喝上的无特色外，经营者在建筑和空间布局上也不是那么用心。几乎每个茶馆都有雕花铜栏杆，茶具基本都差不多，有的甚至连坐的凳子也差不多，抄袭之风严重，这从另一个侧面也说明，经营者并没有用心去考虑怎样把茶馆的品质做到极致。

2. 竞争优势

- 装修：茶馆内采用木质装修，结合镂墙、纱幔、珠帘等极具中国古典建筑风格的装饰材料，体现中国唐代华丽又不失稳重、朴实中蕴含贵气的风格。
- 各色表演：茶馆内设舞台，定期邀请一些戏剧团、说书人、皮影戏等表演团体，上演各种中国传统的民间艺术。同时为茶客提供琴棋书画。
- 特色的产品与服务：我们茶馆的产品与服务，以其独特性吸引消费者。
- 茶房有统一的服装，着唐装，经过培训后，力求做到举止优雅，服务舒心，让消费者仿佛置身于古色古香的唐代茶馆中。

七、市场销售战略

1. 定价策略

- 合理定价：结合市场，采取多品种、多价位的定价策略，价格总体定位为中低档。
- 数量折扣：累计消费588元，赠送一张9折会员卡；累计消费1588元，赠送一张8折贵宾卡。
- 赠送抵用券：一次性消费满88元，赠送一张10元抵用券。吸引更多的消费者再次前来。
- 尾数定价：所有的产品都用尾数定价。例如，一壶低档的雨花茶定价为58.8元。

2. 促销策略

- 邀请南京日报、扬子晚报、口碑网、南京论坛前来参加开业典礼，力求扩大宣传声势，提高茶馆知名度。
- 消费超过88元，赠送一张经典收藏卡，收集到一套24张时，可兑换店里相应产品。
- 与老年人协会合作，作为其相关活动的场所。与旅行团签订长期合同，让其带领旅游团进行消费，一次给予团惠价8.8折。
- 与政府部门合作，并联合南京茶文化馆等对南京市民进行茶文化知识的普及与推广。
- 南京桂花节，店内推出免费品尝桂花乌龙茶的活动，并提供相应的优惠酬宾与支持。

八、财务分析

详见表1。

第三章 创业策划

九、公司人员组织结构

详见表2。

表1：财务分析

项目	本期金额
一、营业收入	44760
销售费用	7952
减：营业成本	66300
营业税金及附加	150
管理费用	3048
财务费用	
加：投资收益	
二、营业利润（亏损以"-"号填列）	-32690
加：营业外收入	
减：营业外支出	
三、利润总额（亏损以"-"号填列）	-32690
减：所得税费用	
四、净利润（亏损以"-"号填列）	-32690

表2：公司人员组织结构

姓名	职位	联系方式	主要职责
A	总经理	13000000001	总体负责经营管理，探索经营新模式
B	副总经理	13000000002	日常统筹规划，协助总经理
C	采购	13000000003	负责收集信息，采购原料
D	会计	13000000004	负责财务管理，财务收支
E	营销	13000000005	负责茶馆的日常宣传
F	主管	13000000006	负责日常经营管理，积极招纳新员工

分析思考

1. 阅读清明雨上茶馆的创业计划书，以小组为单位，讨论其内容是否完整。如否，应增加哪些内容？

2. 以小组为单位讨论清明雨上茶馆的创业计划书内不合理的地方，标注并说明原因。

表3：编写茶馆创业计划书活动说明表

序号	步骤	操作及说明	标准
1	分组准备	学生分组，一个为店长，其他为茶师。	分组时应注意平衡学生的学习水平。
2	编写计划	每组根据此前分析的创业商机进行创业计划书的编写。	①要素齐全。 ②主题突出。 ③可行性高。
3	汇报展示	小组根据自己的创业计划书制作PPT，并派代表上台进行汇报。	①PPT制作精良，内容清晰明了。 ②讲解清晰流畅。
4	投票评选	进行流程总结，选出表现最优的小组。	①公平公正。 ②奖惩结合。

第三章 创业策划

表4：编写茶馆创业计划书活动检测表

茶艺师： 班级：

序号	项目	评分标准	得分	得分理由
1	创业者的基本情况（10分）	①项目名称新颖及可接受程度。（1~5分）		
		②创业者基本信息描写明确程度。（1~5分）		
2	必要性和可行性（25分）	①创业背景分析的明确程度。（1~5分）		
		②创业主要创意和设想的明确程度。（1~5分）		
		③创业市场定位策略分析的明确程度（1~5分）		
		④创业的预算分析的明确程度。（1~5分）		
		⑤创业的应急措施分析的明确程度。（1~5分）		
3	实施条件（45分）	①创业人员信息的明确程度。（1~5分）		
		②创业团队的组织结构的可接受程度。（1~5分）		
		③服务对象的明确程度。（1~5分）		
		④经营范围的明确程度。（1~5分）		
		⑤形象设计的明确程度。（1~5分）		
		⑥选址的可接受程度。（1~5分）		
		⑦经营规模的可接受程度。（1~5分）		
		⑧经营形式种类数量。（1~5分）		
		⑨财务收支状况的明确程度。（1~5分）		
4	进度与计划安排（10分）	阶段性目标的明确程度。（1~10分）		
5	主要结论（10分）	创业计划主要结论的可接受程度。（1~10分）		
总分				

检查人： 时间：

参考文献

[1] 陈丽敏. 茶与茶文化[M]. 重庆：重庆大学出版社，2012.

[2] 吴浩宏. 茶艺服务[M]. 北京：旅游教育出版社，2017.

[3] 赵长华. 中国茶馆的发展及其特点[A]. 上海国际茶文化节论文选[C]. 2000.

[4] 郑瑶瑶. 2015年全国茶馆(中国茶馆联盟)经理年会在杭隆重召开 倡议:制定国家茶楼茶馆服务规范及星级划分标准[J]. 茶博览, 2015,(4):1.

[5] 赵子军. 创新茶馆商业模式 全面推行标准管理 中国第一批星级茶馆在京授牌[J]. 中国标准化, 2016, (6):49–49.

[6] 盛敏, 尚本清. 中国茶馆文化掠影[A]. 国际茶文化研究会[C]. 国际茶文化研究会, 2008.

[7] 黄凤兴. 中国茶馆的演变与茶文化[J]. 茶业通报, 2007, 29(2):1.

[8] 黎晓霞. 结合地方茶点特色的茶馆经营策略研究[J]. 南宁职业技术学院学报, 2020, 25(2):3.

[9] 赖月云. 疫情过后的茶馆经营策略思考[J]. 现代商贸工业, 2020, 41(16):1.

[10] 王雪莲. 中国茶馆"星时代"发展初探[J]. 福建茶叶, 2019, 41(6):2.

[11] 杨江帆, 李闽榕. 中国茶产业发展研究报告(2018)[M]. 北京：社会科学文献出版社，2019.

[12] 梅宇. 2019年中国茶叶产销形势报告发布[N]. 中华合作时报. 2020 (B02).

[13] 周荣蓉. 近代中国茶馆中存在的问题研究[J]. 农业考古, 2021(2):5.

[14] 胡质健. 收益管理乃辅助酒店盈利之利器[N]. 中国旅游报, 2013–06–26.